本书出版获以下资助，特此致谢：

- 集美大学出版基金
- 集美大学文学院行健学术基金

集美大学文学院行健学术丛书第三辑

喻类辞格流变史

郭焰坤◎著

中国社会科学出版社

图书在版编目(CIP)数据

喻类辞格流变史 / 郭焰坤著. —北京：中国社会科学出版社，2016.10

ISBN 978-7-5161-9704-2

Ⅰ.①喻… Ⅱ.①郭… Ⅲ.①汉语-辞格-研究 Ⅳ.①H15

中国版本图书馆 CIP 数据核字(2017)第 008436 号

出 版 人　赵剑英
责任编辑　任　明　陈肖静
责任校对　郝阳洋
责任印制　李寡寡

出　　版　中国社会科学出版社
社　　址　北京鼓楼西大街甲 158 号
邮　　编　100720
网　　址　http://www.csspw.cn
发 行 部　010-84083685
门 市 部　010-84029450
经　　销　新华书店及其他书店

印刷装订　北京市兴怀印刷厂
版　　次　2016 年 10 月第 1 版
印　　次　2016 年 10 月第 1 次印刷

开　　本　710×1000　1/16
印　　张　13.25
插　　页　2
字　　数　207 千字
定　　价　68.00 元

总序：在遥远的海滨

苏　涵

展现在您面前的这套丛书，是由一个居住在遥远海滨的学术群体——集美大学文学院的教师致力于各自学科的研究，近期所推出的部分学术成果。这套丛书的内容涉及中国古代文学、中国现当代文学、语言学、文艺学、比较文学与世界文学等若干学科方向，分界交融，见仁见智，各立一说，从不同角度体现着这个学术群体所做出的勤劳而智慧的工作。

这套丛书之所以能以这样的形式出版，并且冠以“集美大学文学院行健学术丛书”之名，是因为一个必须铭记的事实：它是由吕行健先生捐资设立的集美大学文学院行健学术基金资助出版的。吕行健先生是集美大学文学院的校友，毕业后曾经留校工作，后来求学于北京，驰骋商海，再将自己所获得的财富回报于母校，支持母校的学术事业，其行其意都令人感佩。

当然，不论是这个学术群体所作出的努力，还是吕行健先生对母校学术研究的支持，都与集美大学源远流长的精神传统与学术传统有着密切的关系。

远在1918年，著名的爱国华侨领袖陈嘉庚先生就在他的家乡——集美创建了集美师范学校，1926年又在集美师范学校设立了国学专门部，我们将此视为集美大学的前身 。虽然那个时候，这“前身”仅仅是师范学校的格局，而非陈嘉庚先生所期望的“大学之规模”，但是，却有着卓越的教育理念与学术思想。这些，都绝非我们今天所认识的同等学校可比拟，甚至值得我们今天具有“大学之规模”的诸多学校管理者借鉴与思考。

在当时的集美学校，校主陈嘉庚先生不仅倾尽自己在海外经营所获得的财富，在内忧外患的年代里，倾力支持集美学校的发展，而且倡导以最优厚的待遇聘任优秀教师，支持他们的学术研究。先后聘任过诸如国学家钱穆、文学家王鲁彦和汪静之、教育学家朱智贤和罗廷光、哲学家王伯祥和杨筠如、生物学家伍献文、经济学家陈灿、地理学家盛叙功等到校任教。这些或盛名于当时，或享誉于后来的学问大家，在这里教书，在这里做学问，培养了一批批杰出的人才。翻开至今保存完好的当年出版的《集美周刊》，几乎每一期上都刊登了当时师生的学术论文、文学作品，以及大量的学术活动与教学活动的报道，使读者可以感受到一股扑面而来的学术气息，感受到朴实而充满灵性的学术研究品格。

20 世纪 50 年代之后，陈嘉庚先生创建并维持了近半个世纪之久的集美学村里门类众多、规模巨大的所有学校，逐渐归属于国家所有，并以“大学之规模”迅速发展，才有了今天作为福建省重点建设高校之一的集美大学，也才有了正在蒸蒸日上的集美大学文学院。

正是在这样的地方，我们的教师融洽相处，切磋砥砺，致力学问，锐意进取，不断提高着自己的学术境界，也不断扩大着自己的学术影响。到目前为止，我们学院已经拥有中国语言文学一级学科硕士学位授予权，拥有一大批颇具影响或崭露头角的优秀学者。他们在中国古代小说、中国戏曲文学、古代文艺理论与批评、西方小说史、英美当代文学、现当代文学批评、现当代纪实文学与乡土文学、应用语言学、文字学、方言学、文艺学基本理论、民间文艺学等研究方向上都作出了优异的成绩。尤其值得一提的是，这个学术群体有着非常明晰的学术发展理念，那就是：以中国语言文学的基础研究为主体、为根基，做扎实的学问；以现实文化问题研究为辅翼、为延伸，增强学术研究对社会现实的介入可能。在这一学术理念的引导下，我们近年不仅获得了一大批国家社科基金、教育部社科基金、省社科基金项目，而且获得了来自社会的有力支持，正在开展着大方向一致而又丰富多彩的各种系列研究。

也正是因为这样，我们才决定组织出版全由我们教师自己研究推出的“集美大学文学院行健学术丛书”。我们计划，这套丛书，每年一辑，每辑可以根据情况编排不同的数量。而每一辑的丛书，既可能是不同作者在不同方向上的撰著，也可能是围绕相同或相近方向，不同作者的各抒己见。但不论如何，我们都希望它成为一个见证，从一个角度见证我们学院教师的学术努力，见证我们不断向更高境界前行的足迹。

我们不可能停留在学术研究的某一个层面上，维持现状，我们期待的是在这个前行的过程中，不断地向自己挑战。因为只有这样，才有学术上的真正创造和持续发展。

虽然我们遥居海之一隅，但是，这里不仅有着由陈嘉庚先生亲手创建并在后来日益扩大、愈臻优美的校园，而且有着陈嘉庚先生用一生的言行所体现的伟大精神为我们注入持久不竭的精神动力，我们一定能够不断地达到我们追求的一个个目标。

从集美大学文学院的楼顶望去：近处，红顶高楼林立于蓝天之下，湖泊花园散布于校舍之间，白鹭翔集，群鸟争鸣，正乃自然与人文交融为一的景象；远处，蓝色大海潮涌于鹭岛之外，连通着广阔的台湾海峡，交汇汹涌的太平洋洋流——有时暖气北上，幻变成风雨晴阴，有时台风遥临，呼唤出万千气象，恰是天地造化之壮观。置身于斯，不生江湖之远的感慨，反而令人常常想起李白的名句："阳春招我以烟景，大块假我以文章。"

是为序。

2012 年 6 月 29 日

于集美大学文学院

目　录

引言 ……………………………………………………………… (1)

第一章　先秦时期喻类辞格 ……………………………………… (6)

第一节　先秦比喻 ……………………………………………… (6)

第二节　先秦比拟……………………………………………… (26)

第三节　先秦讽喻……………………………………………… (30)

第二章　汉魏晋南北朝喻类辞格 ………………………………… (39)

第一节　汉魏晋南北朝比喻辞格：传统比喻的过渡时期 ……… (39)

第二节　汉魏晋南北朝的比拟：比拟的过渡时期 ……………… (50)

第三节　汉魏晋南北朝讽喻 …………………………………… (57)

第三章　唐宋喻类辞格 ………………………………………… (65)

第一节　唐宋比喻：传统比喻成熟定型期 ……………………… (65)

第二节　唐宋代比拟 …………………………………………… (77)

第三节　唐宋讽喻：讽喻文学化时期 …………………………… (89)

第四章　元明清喻类辞格 ……………………………………… (102)

第一节　元明清比喻 …………………………………………… (102)

第二节　元明清比拟辞格 ……………………………………… (111)

第三节　元明清讽喻：讽喻俚俗化时期……………………… (114)

第五章　现当代喻类辞格 ……………………………………… (128)

第一节　现当代比喻：比喻突变时期………………………… (128)

第二节　现当代比拟：比拟的突变时期……………………… (140)

第三节　现当代讽喻：讽喻文体化时期……………………… (159)

第六章　喻类辞格理据及功能 ………………………………… (173)

第一节　比喻的理据及功能 …………………………………… (173)

第二节　比拟的理据及功能 …………………………………… (188)

第三节　讽喻的理据与功能 …………………………………… (200)

引　言

所谓喻类辞格即以比喻为中心，涵盖比喻、比拟、讽喻三类辞格，它们具有共同性——都以事物的相似性为立格的基础。

讽喻本是一种喻体更复杂的比喻，这没有什么争议，重点是比拟何以是比喻的同类辞格？

郑业健在《修辞学》提出："盖必在观念上有联络处，想象上有变通处，始可以互相比拟。故比拟亦可谓为比喻之一种。但比喻为就其相似处着笔，比拟乃就其可变处着笔。"①

王希杰在《修辞学通论》中也认为："比拟，向来是一个独立的辞格。但是，如果从本质上看，比拟其实就是比喻。比拟通常分为拟人和拟物两种，即把人当作物，把物当作人。为什么要把、为什么可以把两个不同的事物混淆起来，把甲当作乙呢？因为这两种事物之间有某种相似之处，这种相似之处或是客观存在的，或者说写者主观心理上的一种情绪。"② 王先生还认为：文军编著的《英语修辞格词典》将拟人、拟物等比拟类辞格都归为喻类辞格，"这是合理的"。王先生将比喻与比拟看作本质上一致辞格，是因二格都以事物的相似性作为立格的基础。

我们先将相关定义及各辞格的分类标准作简要介说。

一　比喻

比喻修辞格源远流长。可以说是汉语中使用历史最为悠久、应用量最大的修辞格。历史上比喻有各种称法，《论语》称之为"譬"；《墨子》称之为"辟"；《周易》称之为"比"；而《荀子》称之为"比方"

---

① 转引自濮侃《辞格比较》，安徽教育出版社 1983 年版，第 50 页。

② 王希杰：《修辞学通论》，南京大学出版社 1996 年版，第 429 页。

“喻”“譬喻”。南北朝时期刘勰《文心雕龙》专立《比兴篇》讨论比兴，宋代陈骙《文则》详细分比喻为十类。

现代修辞学的创始人陈望道在《修辞学发凡》中将“譬喻”定义为：思想的对象同另外的事物有了类似点，说话和写文章时就用那另外的事物来比拟这思想的对象的，名叫譬喻。①

陈先生从形式出发，根据本体、喻体、喻词比喻三要素的隐显，将比喻分为明喻、隐喻、借喻三类，并对各类比喻作了精确的定义。其大意约为：明喻以喻词“好像”“如同”“仿佛”“一样”，或“犹若”“如”“似”绾合本体与喻体；隐喻以判断形式组织本体喻体；借喻则本体事物不出现，径直以喻体代本体。

比喻虽是古今一直使用的辞格，但它一直处在不断的变化中，这种变化有形式的、功能的，也有喻体性质的变化，这种变化中到处贯穿着社会、历史、文化等多重因素，我们将尽量从各个不同的角度挖掘比喻产生和演变的原因，描写出现比喻演变的历史轨迹。

二 比拟

根据想象，把物当作人来写，或把人当作物来写，或将甲物当乙物来写，就是比拟。陈望道曾下这样的定义：将人拟物（就是以物比人）和将物拟人（就是以人比物）都是比拟。②

通常将比拟分为两类：①拟人，把人当物作来写；②拟物，把物当作人来写或把甲物当作乙物来写。

从运用情况看，拟人比拟物要常用得多，拟物较少见，而拟人则是常见辞格，以致唐钺《修辞格》中只有拟人格而没有拟物格。

从历史上看，古人并没有鲜明地区分比喻与比拟。如：刘勰《文心雕龙·比兴》：“夫比之为义，取类不常；或喻于声，或方于貌，或拟于心，或譬于事。”

这里，比、方、喻、拟、譬，都是一个意思。它包括了比喻和比拟。又“比”古人常用来说明比喻，但陈望道所引用的《诗人玉屑》

① 陈望道：《修辞学发凡》，上海教育出版社1976年版，第72页。

② 同上书，第117页。

卷九杨万里论比拟一节，也用“比”作“比拟”义：

> 白乐天《女道士》诗云，“姑山半峰雪，瑶水一枝莲”，此以花比美妇人也；东坡《海棠》诗云，“朱唇得酒晕生脸，翠袖卷纱红映肉”，此以美妇比花也。①

前者为拟物，后者为拟人，但杨万里都称之为“比”。真正对比喻和比拟进行明确划分是唐钺和陈望道之后的事情。

典型的拟物产生较晚。我们分析比拟的演变以拟人为主线，以拟物为辅线，一来拟物少，二来拟物古今变化不大，这样处理符合修辞史演变的实际。对比拟的分析，我们从形式和内容两个方面来看，一般的“格”重形式，但比拟下位格划分重内容——将何物拟为何物是非常重要的：拟物与拟人之分不就是以对象为标准么？

比拟在语言形式上有以句子为单位的，有以语段和语篇为单位的。唐钺《修辞格》分明指出，比拟既可以是句子，也可以是语段、语篇，他说：“拟人格有时延长为全篇。”② 唐氏举有孔稚珪《北山移文》，韩愈《毛颖传》《送穷文》这些以语篇为单位的例子。

陈望道将这类以语段语篇为单位的定作讽喻。但在讽喻部分陈先生说：

> 讽喻的故事……若是假托人类以外的生物或无生物，那故事里面一定同时含有两种比拟的成分，就是一定是用拟人的手段来寄托拟物的意思，如“狐假虎威”一例，便是外表是使狐虎做人的言动，是拟人。③

当下的修辞学论著，都将比拟限制于以句子为单位，我们认为比拟是一种侧重内容的修辞方式，只要是对象被拟了物、拟了人，即一物通

---

① 陈望道：《修辞学发凡》，上海教育出版社 1976 年版，第 117 页。

② 唐钺：《修辞格》，商务印书馆 1923 年版，第 47 页。

③ 陈望道：《修辞学发凡》，上海教育出版社 1976 年版，第 123、124 页。

过修辞的作用而化为另一物就都是比拟，不能以语言单位的量作为衡量标准。所以我们认为综合唐钺、陈望道的观点，还是将比拟从语言单位层级上分为两种：①以句子为单位的比拟；②以句群、篇章为单位的比拟。下文为阐述方便，我们称前者为“句子比拟”，称后者为“超句比拟”。

从内容上分析比拟也十分重要，因为这直接涉及比拟形成的内部机制，反映了比拟由低级到高级的发展，对比拟内容的关注可以使我们清晰地看出比拟的历史演变轨迹。如：就拟人而论，历史上早期出现得最多的是超句的动物拟人。而句子形式的植物拟人要晚得多，抽象物拟人又更晚，为何如此？无非是动物拟人最容易发生。比拟有“相似性”前提，相比之下，动物与人的相似性最多，人有语言，动物有鸣叫，动物与人同有亲子之爱，有喜怒哀乐，有寻求快乐、逃避痛苦的生物本能，所以很容易从动物行为联想到人的行为，最早发生的拟人就必然是动物拟人。而植物则只有在某些特征与人的某些特征产生一定程度的同构时，才能产生相似的联想，这是人的心智发展到高级阶段才有的事。而抽象物拟人则是前两种拟人的类推，是纯粹的心理之物。后文我们将根据比拟的时代特征，按内容分析出最下位类别的比拟，以便分析其演变，如拟人可分为动物拟人、无生命物拟人、抽象物拟人三大类。拟物可分为实物拟物和虚物拟物。

三　讽喻

讽喻，陈望道在《修辞学发凡》中有详细的定义和分类：“讽喻是造出一个故事来寄托讽刺教导意思的一种措辞法。”①

陈先生根据故事的完整性和独立性的不同，将讽喻分为两类，第一类为故事不完整、不独立的，陈先生认为此类“日常语言之间，大概叫作（比方）”，陈先生所举“守株待兔”“狐假虎威”“自相矛盾”等例即是；第二类为故事完整，比较有独立性的，陈先生指出即是“寓言”。②

---

① 陈望道：《修辞学发凡》，上海教育出版社1979年版，第120页。

② 同上。

事实上研究寓言的人将以上用于说理的故事都统称作“寓言”。如陈蒲清《中国古代寓言史》将《修辞学发凡》中的两类讽喻都列为寓言,① 可见，修辞上的“讽喻”即是文学上所称的寓言。汪国胜等编《汉语辞格大全》“讽喻”条这样定义讽喻：

> 比喻的一种。又名“事喻”。借用寓言、故事或临时编造故事来进行讽刺、劝导或说理。②

陈蒲清认为寓言“是比喻的一种高级形态”③。

综合种种说法，我们认为可以这样理解讽喻：

讽喻是一种特殊的比喻，是比喻的高级形态。它与一般比喻的区别仅是喻体形式的不同：一般的比喻是以物为喻，喻体的语言形式较简单；讽喻则是以事为喻，喻体是一种有情节的故事，在语言形式上呈现一定的篇幅。

从上述分析可见，三种辞格可称为广义比喻辞格，它们都是以事物的相似性为基础建立起来的辞格，故我们统称其为“喻类辞格”。我们将按时代描述它们的历史发展。

---

① 陈蒲清：《中国古代寓言史》，湖南教育出版社1983年版，第20页。

② 汪国胜等编：《汉语辞格大全》，广西教育出版社1993年版，第50页。

③ 陈蒲清：《中国古代寓言史》，湖南教育出版社1983年版，第20页。

第一章　先秦时期喻类辞格

先秦是喻类辞格的发生期，传统比喻的基本类别都已出现；比拟则少见，且与后世成熟的比拟差别较大；讽喻尽管是最早期出现的，但在用量上却达到一个高峰。我们考察这时期的语言材料主要集中于《尚书》《诗经》《楚辞》《论语》《孟子》《老子》《庄子》《韩非子》《荀子》《左传》《国语》《战国策》《吕氏春秋》等，这些大概是先秦最有代表性的典籍，凡上述文典都作全文披阅，是一个有限范围的穷尽式研究，这样做也是想将起点研究清楚。

第一节　先秦比喻

比喻是使用频率极高，而且在历史上变化极快的一种辞格。商周至秦代的比喻有明显变化，所以我们将先秦分为商周和春秋战国两个时段。

一　商周时期：比喻萌芽期

这一时期是比喻的产生初期，比喻形式较简单。其文献存留的有《尚书》《易经》《诗经》。为求结论可靠，对《尚书》我们仅用今文《尚书》，古文《尚书》因学界普遍认为是汉后之伪作，我们存疑不用。《易经》产生于周代，《诗经》主要是周代作品，有少量是春秋中叶作品，所以也可视为周代作品。这一时期的比喻较之其后的春秋战国至汉代，用量不多，形式上明喻、借喻多见，隐喻很少。功能上主要是描绘形象和说理。

（一）比喻的基本形式

1. 明喻

（1）明喻详式仅用“如”“若”二喻词，二者结构、功能有别。

我们按陈望道先生《修辞学发凡》的做法，按喻词的有无将明喻分为详、略二式，详式喻词只有“如”“若”二词，详式主要出现在今文《尚书》与《诗经》中，且两书喻词的分布有明显的差异，即：《诗经》11例全用“如”作喻词；今文《尚书》全书明喻喻词都用“若”，仅一例用“如”。

用“如”字喻例：

①君子偕老，副笄六珈，委委佗佗，如山如河……鬒发如云，不屑髢也。(《诗·鄘风·君子偕老》)

②有匪君子，如切如磋，如琢如磨。(《诗·卫风·淇奥》)

③手如柔荑，肤如凝脂，领如蝤蛴，齿如瓠犀……(《诗·卫风·硕人》)

④自伯之东，首如飞蓬。(《诗·卫风·伯兮》)

例①美人之发如山之高耸，如河之流动，(与原释异)乌黑的头发如云浓密；例②言君子品德如美玉经雕琢；例③以柔嫩的茅草喻美人之手，以凝脂喻美人之肤，以细长的蜗牛喻美人细长的脖子，以瓠瓜子喻美人洁白而细密的牙齿；例④言女子因夫君在外不事修饰，发如枯草。

⑤叔于田，乘乘马，执辔如组，两骖如舞。(《诗·郑风·大叔于田》)

⑥有女同车，颜如舜华……有女同车，颜如舜英……(《诗·郑风·有女同车》)

⑦彼其之子，美如英……彼其之子，美如玉……(《诗·魏风·汾沮洳》)

⑧勖哉夫子，尚桓桓，如虎如貔，如熊如罴，于商郊。(《尚书·牧誓》)

例⑤言手执缰绳如丝组，两侧骖马如飞舞；例⑥言女子美如木槿花，舜华、舜英即木槿花；例⑦言女子美如花玉；例⑧言勇士们如虎豹熊罴。

用“若”为喻词：

⑨盘庚迁于殷，民不适有居，率吁众慼出，矢言。曰：“我王来，既爰宅于兹，重我民……若颠木之有由蘖，天其永我命于兹新邑，绍复先王之大业。”（《尚书·盘庚上》）

例⑨是盘庚迁都于殷后，百姓不适应新的住地，盘庚做工作说：来到新都使我大商如同倒下的树木又重新长出新的枝芽。在此，大商可匡复大业。

⑩若网在纲，有条而不紊；若农服田，力穑乃亦有秋。汝克黜乃心，施实德于民，至于婚友，丕乃敢大言汝有积德于远迩。（《尚书·盘庚上》）

例⑩ 盘庚以将网结上纲绳才有条不紊、农夫力耕才能有收获为喻，要求大臣放弃私心，勤于政事，施德于民，才能有“积德”。

⑪汝不和吉言于百姓，惟汝自生毒，乃败祸奸宄，以自灾于厥身……若火之燎于原，不可向迩，其犹可扑灭？……（《尚书·盘庚上》）

例⑪盘庚指责有些大臣别有用心煽动民变，民变如烈火，不可扑灭。

⑫今殷其沦丧，若涉大水，其无津涯。（《尚书·微子》）

例⑫微子讲殷商要灭亡了，就像人渡过大河，却没有渡口与河岸，无法度过眼前的灾难。

⑬朕言艰日思，若考作室，既厎法，厥子乃弗肯堂，矧肯构？厥父菑，厥子乃弗肯播，矧肯获？……肆予曷敢不越卬敉宁王大

命？（《尚书·大诰》）

例⑬成王讲：我谈谈艰难时期的想法，好像父亲建屋已定方案，儿子连地基都不愿打，怎么去盖房子？父亲开垦了土地，儿子不愿播种。如不完成文王的使命，就是不肖子孙。

⑭王曰："……予永念曰：天惟丧殷，若穑夫，予曷敢不终朕亩？"（《尚书·大诰》）

例⑭成王以农夫当完成田亩上的劳作喻自己当完成灭商大业。

⑮惟曰："若稽田，既勤敷菑，惟其陈修，为厥疆畎。若作室家，既勤垣墉，惟其涂塈茨。若作梓材，既勤朴斲，惟其丹雘。"（《尚书·梓材》）

例⑮周公以种田、盖房、制木器家具喻治国的艰辛。

两个不同喻词所构成的明喻，其结构和功能都是不一样的。

就结构而言，"如"字作喻词本体在前喻体在后，而"若"本体可前可后，且以本体居后为多；且构成喻体的词性"如"多为体词性的谓词性者少见，"若"则概为谓词性的。就功能而言，用"如"为喻词的用于描绘事物的外部形态，使之有形有声，而以"若"为喻词的概为说理。对此可参阅前文用例。

（2）明喻略式。明喻略式为无喻词，将本体与喻体并列。这种形式的比喻《尚书》《周易》《诗经》都有。

①枯杨生稊（嫩芽），/老夫得其女妻。（《周易·大过·九二》）

②羝羊（公羊）触藩，/不能退，不能遂，无攸利。（《周易·大壮·上六》）

③乃不畏戎毒于远迩，/惰农自安，不昏作劳，不服田亩，越其罔有黍稷。（《尚书·盘庚上》）

④人惟求旧，/器非求旧，惟新。(《尚书·盘庚上》)

例①以枯杨生嫩芽喻老人娶少女为妻，本喻体并列；例②以公羊触藩篱喻做事进退不得；例③言大臣们不畏惧远近的大难，如同懒惰的农夫不肯劳作岂有收成；例④反面设喻，以器唯求新反喻“人唯求旧”。

⑤王曰：“古人有言曰：‘牝鸡无晨，牝鸡之晨，惟家之索’。/今商王受（纣）惟妇言是用。”(《尚书·牧誓》)

⑥南有乔木，不可休思。/汉有游女，不可求思。（《诗·周南·汉广》)

⑦岂其食鱼，必河之鲂？/岂其取妻，必齐之姜。（《诗·陈风·衡门》)

⑧伐柯如何？匪斧不克。/取妻如何？匪媒不得。（《诗·豳风·伐柯》)

例⑤以母鸡啼晨喻纣王唯妇人之言是听；例⑥以乔木下不可休息喻汉水女神不可追求；例⑦以吃鱼不必定要黄河鳊鱼，喻娶妻不必非得娶姜姓姑娘；例⑧以伐木需斧喻娶妻需媒。

2. 借喻

借喻是本体不出现直接以喻体借代本体，因之是表义上很隐晦，实质上《周易》整体上几乎可以说是由借喻构成的，《周易》全书以象喻理，《周易·系辞下传》讲：“《易》者，象也。”“象也者，像此也者。”即《易》是取物象以此物像彼物。《周易》具体的比喻方式可以从朱熹语中体会出来，《朱子语类》云：“《易》难看，不比他书，《易》说一个物，非真是一个物，如说‘龙’非真龙。”朱熹所说实质上就是借喻特征，表面谈甲实为谈乙，而乙从不在文中出现 。《易》谈龙实谈人事，“亢龙有悔”实为谈人事的物极必反。借喻除见于《易经》外，其次见于《诗经》。

①初六；履霜，坚冰至。(《易·坤》)

例①朱熹《周易本义》释其喻义为："其端甚微，而其势必盛。"即见微而知著。

②六二，屯如，邅如。乘马班如，匪寇婚媾；女子贞不字，十年乃字。(《易·屯》)

屯卦象征事物初生，爻象以女子守贞待字，喻事物于初创时期发展宜缓不宜速。孔颖达《周易正义》析其喻义："是知万物皆象于此，非唯男女而已，诸爻所云阴阳男女之象，义皆仿于此。"宋张浚《紫岩易传》泛引史实以明喻义："抱节守志于艰难之世，而不失其贞也。若太公在海滨，伊尹在莘野，孔明在南阳，义不苟全合，是谓'女贞'。"以上两说有异，但都认为女子待字是比喻。

③需：有孚，光亨，贞吉，利涉大川。(《易·需》)

需即等待，心地诚实，光明；耐心等待可以涉越大河，大川喻艰难险阻，唐李鼎祚《周易集解》引何妥语曰："大川者，大难也。"

④摽有梅，其实七兮，求我庶士，迨其吉兮！/摽有梅，其实三兮……(《诗·召南·摽有梅》)

例④以树上的梅子不断坠落，喻自己的青春不断消逝。

⑤有弥济盈，有鷕雉鸣，济盈不濡轨，雉鸣求其牡。(《诗·邶风·匏有苦叶》)

例⑤以雌雉鸣叫求偶，喻女子急切等待恋人。

3. 隐喻萌芽

以判断的形式表达比喻是隐喻。在上古时期，未发现以正面判断表达的隐喻，倒是在《诗经》中有以否定性判断表达的隐喻，目前仅发现一处：

我心匪鉴，不可以茹……我心匪石，不可转也。我心匪席，不可卷也。（《诗·邶风·柏舟》）

上例女子倾诉心中痛苦，言我心不是镜子，能将美丑统统容纳；言我心不是石头，可以随意转动，喻自己有立，不可随意改变；又言我心不是席子，可以随意卷起。此言尊严不可以委曲求全。

对这类比喻今称为“反喻”“非喻”实质上正面判断与否定性判断都是判断，以两种判断形式组成的比喻都应是隐喻。

4. 定中喻萌芽

比喻的本体与喻体构成定中词组，如古代“云鬓”、现代“人海”之类。这类比喻《修辞学发凡》置于“隐喻”之中，但考虑到此类比喻与以判断形式表达的隐喻，无论在形式还是在功能上均有差异，再加之这类比喻有自身的演变线索，因之，我们单列予以追踪研究。此种用法仅见《诗经》一例：

螓首蛾眉。（《诗·卫风·硕人》）

螓，小蝉，螓首言其额部光洁平正如蝉首；蛾，蚕蛾，其头部两触须弯弯如画，蛾眉言其眉如一对蚕蛾的触须又细又弯如画。唐代颜师古注《汉书·扬雄传》“蛾眉”：“若蚕蛾眉也。”此两处都是以喻体作定语。

（二）比喻的文体分布

不同的文体往往有不同的语言形式，不同的文体要表达不同的内容，文体从意义和语言形式两方面都制约着比喻的运用。

1. 散文比喻形式自由

散文语言形式自由，句子长度无限制，篇章长短无限制。因此散文的比喻在形式上是较自由的，特别是《尚书》。

散文比喻在形式上的自由主要表现在本体与喻体的位置灵活，同时本体与喻体在语言结构上可简可繁——可以是词，是句子，是句群。散文所使用的比喻的类型，主要是形式自由的以“若”字作喻词的明喻详式及明喻略式。

(1) 本体、喻体位置灵活。

本体在前的如:

①勖哉夫子,尚桓桓,如虎如貔,如熊如罴,于商郊。(《尚书·牧誓》)

②汝不和吉言于百姓,惟汝自生毒,乃败祸奸宄,以自灾于厥身……若火之燎于原,不可向迩,其犹可扑灭?……(《尚书·盘庚上》)

③天惟丧殷,若穑夫,予曷敢不终朕亩?(《尚书·大诰》)

④人惟求旧,/器非求旧,惟新。(《尚书·盘庚上》)

本体在后的如:

⑤王曰:"古人有言曰:'牝鸡无晨,牝鸡之晨,惟家之索'。/商王受(纣)惟妇言是用。"(《尚书·牧誓》)

⑥枯杨生稊,/老夫得其女妻。(《周易·大过·九二》)

⑦若网在纲,有条而不紊;若农服田,力穑乃亦有秋。汝克黜乃心施实德于民,至于婚友,丕乃敢大言有积德。(《尚书·盘庚上》)

(2) 喻体可长可短。

喻体可以是一个词或词组:

①勖哉夫子,尚桓桓,如虎如貔,如熊如罴,于商郊。(《尚书·牧誓》)

喻体可以是句子:

②王曰:"……予永念曰:天惟丧殷,若穑夫,予曷敢不终朕亩?"(《尚书·大诰》)

③盘庚迁于殷,民不适有居,率吁众感出,矢言。曰:"我王

来，既爰宅于兹，重我民……若颠木之有蘖，天其永我命于兹新邑，绍复先王之大业。”（《尚书·盘庚上》）

喻体还可以是句群：

④汝不和吉言于百姓，惟汝自生毒，乃败祸奸究，以自灾于厥身……若火之燎于原，不可向迩，其犹可扑灭？……（《尚书·盘庚上》）

还可以将多个同类喻体连用形成博喻：

⑤惟曰：“若稽田，既勤敷菑，惟其陈修，为厥疆畎。若作室家，既勤垣墉，惟其涂塈茨。若作梓材，既勤朴斲，惟其丹雘。”（《尚书·梓材》）

2. 诗歌比喻结构简约、形式整齐

诗歌在语言形式上受约束，每句四字，章节长度又有限，因此诗歌在比喻的使用上形式不自由。在语言单位上《诗经》的比喻有两种情况：

（1）明喻详式结构简约，在句内完成比喻。

①君子偕老，副笄六珈，委委佗佗，如山如河……鬒发如云，不屑髢也。（《诗·鄘风·君子偕老》）

②有匪君子，如切如磋，如琢如磨。（《诗·卫风·淇奥》）

③手如柔荑，肤如凝脂，领如蝤蛴，齿如瓠犀……（《诗·卫风·硕人》）

④自伯之东，首如飞蓬。（《诗·卫风·伯兮》）

（2）明喻略式形式整齐，本体与喻体形成对偶。

①南有乔木，不可休思。/汉有游女，不可求思。（《诗·周

南・汉广》）

②岂其食鱼，必河之魴？/岂其取妻，必齐之姜。（《诗・陈风・衡门》）

③伐柯如何？匪斧不克。/取妻如何？匪媒不得。（《诗・豳风・伐柯》）

不同的文体中的比喻除形式差异外，还有功能差异，这将在最后立专章介绍。

二　春秋战国时期：传统比喻的基本形式形成

这个时期是比喻运用的一个高潮，一是量多，二是形式多样化。明喻产生了大量新喻词，隐喻、借喻、定中喻、状中喻也已成熟。

比喻在这一历史时期的发展得益于文学、哲学的空前繁荣。春秋战国史称“礼崩乐坏”，实质上自周平王始王室的地位就一直下降。春秋时期天子领地和国力已是大大不及大国诸侯。而随着旧的权威的削弱、消亡，历史进入一个道德沦丧、战火不断的无序时期。为此，学者苦苦寻求济世良方，而王权的崩溃又为较自由地表达学术思想提供了土壤，这就形成了百家争鸣。同时，诸侯争霸，需要智谋之士的帮助，因之，一批游说之士往来于诸侯之间，以游说诸侯谋取卿相之位。学术上的百家争鸣和游说之士的游说活动都好以比喻说理。这自然就形成了中国历史上运用比喻的第一个高峰。诸子中的孔孟老庄韩墨及游说之士的苏秦张仪之辈都是运用比喻的高手。

（一）比喻的类别

1. 明喻详式喻词系统基本完备

这一时期明喻详式在形式上明显的变化之一是喻词增多，除历史上的“如”“若”之外，新增的喻词有：“譬如”“犹”“似”“譬（之）”“譬犹”。至此，古代明喻详式的喻词已基本齐备。

（1）以“如”作喻词。

①子曰：“饭疏食，饮水，曲肱而枕之乐亦在其中矣，不义而

富且贵，于我如浮云。”（《论语·述而》）

②子在川上曰：“逝者如斯夫！不舍昼夜。”（《论语·子罕》）

③百姓皆爱其上，人归之如流水，亲之如父母。（《荀子·富国》）

④周任有言曰：“为国家者，见恶，如农夫之务去草焉，芟夷蕰崇之，绝其本根，勿使能殖，则善者信矣。”（《左传·隐公六年》）

例④意：以农夫除草喻治国当除恶。

⑤子产始知然明，问为政焉。对曰：“视民如子。见不仁者诛之，如鹰鹯之逐鸟雀也。”（《左传·襄公二十五年》）

⑥是岁也，有云如众赤鸟，夹日以飞三日。（《左传·哀公六年》）

⑦仁者如射：射者正己而后发；发不中，不怨胜己者，反求诸己而已矣。（《孟子·公孙丑上》）

例⑦意：仁者严于律己，如射箭先使自己身正然后发射，才能命中目标。

⑧立于恶人之朝，与恶人言，如以朝衣朝冠坐于涂炭。（《孟子·公孙丑上》）

⑨成人在始与善。始与善，善进善，不善蔑由至矣；始与不善，不善进不善，善亦蔑由至也。如草木之产也，各以其物。（《国语·晋语》）

例⑨意：人的成长关键在起点处给予善的观念，那么善念招来善念，不善之念无由至，反之亦然，这就像草木的繁殖，什么种子就长出什么植物。

（2）以“若”字作喻词。

此时“若”作喻词功能有变化：可用于描写，这与商周时期只用于说理不同。

①上善若水，水善利万物，处众人之所恶，故几于道。（《老子·八章》）

例①意：最高之善像水一样，利万物而处卑下，近于道。

②治大国若烹小鲜（鲜即鱼）。（《老子·六十章》）

③臣闻七十里为政于天下者，汤是也……民望之，若大旱之望云霓也……诛其君而吊其民，若时雨降。民大悦。（《孟子·梁惠王下》）

例①将上善即最大的善喻为水，言其利于万物而不争名利；例②以烹小鲜（烹小鱼）喻治大国应无为而治；例③以大旱望乌云、“时雨”，喻人民渴望仁政。

④孟子曰：“舜之居深山之中，与木石居，与鹿豕游，其所以异于深山之野人者几希；及其闻一善言，见一善行，若决江河，沛然莫之能御也。”（《孟子·尽心上》）

⑤公孙丑曰：“道则高矣，美矣，宜若登天然，似不可及也；何不使彼为可几及而日孳也？”（《孟子·尽心上》）

⑥鹏之背，不知其几千里也，怒而飞，其翼若垂天之云。（《庄子·逍遥游》）

⑦藐姑射之山，有神人居焉，肌肤若冰雪，绰约若处子。（《庄子·逍遥游》）

⑧善学者若齐王之食鸡也，必食其跖数千而后足，虽不足，犹若有跖。（《吕氏春秋·孟夏纪·用众》）

⑨其云状：有若犬、若鸟、若白鹄、若众车；有其状若人，苍衣赤首，不动，其名曰天衡；有其状若悬釜而赤，其名曰云旍；有其状若众马以斗，其名曰滑马；有其状若众植华以长。（《吕氏春秋·季夏纪·明理》）

例④以江河决堤喻舜之向善不可抗拒；例⑤以登天喻道之高不可攀；例⑥以垂天之云喻鹏鸟之翅；例⑦以冰雪喻神人肌肤之洁白，以处女喻神人之貌美；例⑧以齐王吃鸡脚多多益善喻之好学；例⑨为博喻，以犬、鸟、白鹄、众车、人、悬釜（悬着的锅）、相斗的众马、生长着的花朵为喻体比喻云彩的各种形态。其中例⑥、例⑦、例⑨的比喻全都用于描写事物的外部状貌，这是新功能的表现。

（3）以“犹”作喻词。

①子贡曰：“……夫子之不可及也，犹天之不可阶而升也。”（《论语·子张》）

②天地之间，其犹橐籥乎：虚而不屈，动而愈出。（《老子·五章》）

③天之道犹张弓与？高者抑之，下者举之；有余者损之，不足者补之。（《老子·七十七章》）

例①以不可由台阶升天喻孔子的境界高不可及；例②言天地空虚如同橐籥（鼓风的风箱）空虚而不可穷尽，越活动空气产生越多；例③以“张弓”（给弓上弦）喻天之道常损有余而补不足。

④如有不嗜杀人者，则天下之民皆引领而望之矣。诚如是也，民归之，由（犹）水之就下也，沛然谁能御之？（《孟子·梁惠王上》）

⑤孟子曰：“仁则荣，不仁则辱；今恶辱而居不仁，是犹恶湿而居下也。”（《孟子·梁惠王上》）

⑥民之归仁也，犹水之就下，兽之走圹也。（《孟子·离娄上》）

例④言人民归依不杀人的君王如同水之趋下；例⑤言惧怕耻辱而居于不仁如同厌恶湿地却居于低洼处；例⑥以水就低、兽走圹喻人民归顺仁君的迫切。

⑦今之欲王者，犹七年之病求三年之艾也。苟为不畜，终身不得。苟不志于仁，终身忧辱，以陷于死亡。(《孟子·离娄上》)

⑧夫子获罪于君以在此，惧犹不足，而又何乐？夫子之在此也，犹燕之巢于幕上。(《左传·襄公二十九年》)

⑨人之有学也，犹木之有枝叶也，木有枝叶犹庇阴人，而况君子之学乎？(《国语·晋语》)

例⑦以药效不足的新艾不能治久病喻君王不行仁政的危害；例⑧以燕子在飘动的帷幕上筑巢喻失意于君王的危险；例⑨以树木能庇荫人喻学问有益于身。

(4) 以“似”作喻词。

①大木百围之窍穴，似鼻，似口，似耳，似枅，似圈，似臼，似洼者，似污者。(《庄子·齐物论》)

上例以博喻描写树洞，言其似鼻、口、耳、梁上方孔、杯圈、舂臼、浅洼、深池。

②齐侯将为臧纥田。臧子小闻之，见齐侯，与之言伐晋，对曰：“多则多矣，抑君似鼠昼伏夜动，不穴于寝庙，畏人故也。今君闻晋之乱而后作焉，宁将事之，非鼠如何？”乃弗与田。(《左传·襄公二十四年》)

③譬之若登山，登山者，处已高矣，左右视，尚巍巍焉山在其上，贤者之所与处，有似于此。身已贤矣，行已高矣，左右视，尚尽贤于己。(《吕氏春秋·先识览·观世》)

(5) 以“譬”“譬如”“譬若”“譬犹”等作喻词。

①叔孙武孙谈大夫于朝曰：“子贡贤于仲尼。”子服景伯以告子贡。子贡曰：“譬之宫墙，赐之墙也及肩，窥见室家之好。夫子之墙数仞，不得其门而入，不见宗庙之美，百官之富。”(《论语·子

张》）

②夫下之和上，譬之犹响之应声，影之象形也。（《荀子·强国》）

③军大卒多而不能斗，众不若其寡也。夫众之为福也大，其为祸也亦大。譬之如渔深渊，其得鱼也大，其为害也大。（《吕氏春秋·仲尼纪·决胜》）

④杜赫欲重景翠于周，谓周君曰："君之国小，尽君之重宝珠玉以事诸侯，不可不察也。譬之如张罗者，张于无鸟之所，则终日无所得矣；张于多鸟处，则又骇鸟矣；必张于有鸟无鸟之际，然后能多得鸟矣。今君将施于大人，大人轻君；施于小人，小人无可以求，又费财焉。君必施于今之穷士不必且为大人者，故得欲矣。"（《战国策·东周策》）

以譬、譬如、譬犹等为喻词者，在功能上明显都是说理。例①子贡对"子贡贤于仲尼"用比喻进行反驳，围墙高深的庭院众人是看不清房舍的富丽的，这正如孔子不能被俗人理解；例④以张罗网喻事诸侯。

可见此时喻词基本完备。后世增加的不多。

2. 明喻略式

明喻略式在春秋战国乃至汉初用量较大，这与文风有关系，这一时期人们好用对偶和排比，而明喻略式刚好依托于排偶句型，战国时代明喻略式尤其依托于排偶。此外，明喻略式在形式和功能上也都有所变化。

①鸟之将死，其鸣也哀，/人之将死，其言也善。（《论语·泰伯》）

②三十辐共一毂，当其无，有车之用；埏埴以为器，当其无，有器之用；凿户牖以为室，当其无，有室之用。/故有之以为利，无之以为用。（《老子·十一章》）

例②以三项并列的喻体说明老子哲学中"有"与"无"的功用：正是车轴有了孔才有了车子的功用；将泥土加工成器物正是有了空间，

才有了器物的用途；凿墙为门户正是有了空间，才有了房屋的用途。“有”与“无”各有其用。

③离娄之明，公输子之巧，不以规矩，不能成方圆；师旷之聪，不以六律，不能正五音；/尧舜之道，不以仁政，不能平天下。(《孟子·离娄上》)

④在天者莫明于日月，在地者莫明于水火，在物者莫明于珠玉，在人者莫明于礼义：故日月不高，则光晖不赫；水火不积，则晖润不博；珠玉不睹乎外，则王公不以为宝，/礼义不加于国家，则功名不白。(《荀子·天论》)

⑤枸木必将待檃栝烝矫然后直；钝金必待砻厉然后利；/人之性恶，必将待师法然后正，得礼义然后治。(《荀子·性恶》)

⑥南方有鸟，名曰蒙鸠，以羽为巢，而编之以发，系之苇苕，风至苕折，卵破子死。巢非不完也，所系者然也。西方有木焉，名曰射干，茎长四寸，生于高山之上，而临百仞之渊。木茎非能长也，所立者然也。蓬生麻中，不扶而直，白沙在涅，与之俱黑；兰槐之根是为芷，其渐之滫，君子不近，庶人不服 。其质非不美也，所渐者然也。/故君子居必择乡，游必就士，所以防邪僻而近中正也。(《荀子·劝学》)

⑦善钓者出鱼乎十仞之下，饵香也；善弋者下鸟乎百仞之上，弓良也；/善为君者，蛮夷反舌殊俗异习皆服之，德厚也。(《吕氏春秋·仲春纪·功名》)

⑧水泉深则鱼鳖归之，树木盛则飞鸟归之，庶草茂则禽兽归之，/人主贤则豪杰归之。(《吕氏春秋·仲春纪·功名》)

⑨夫行不信，不能成岁；地行不信，草木不大。春之德风，风信，其华不盛，华不盛，则果实不生；夏之德暑，暑不信则土不肥，土不肥，则长遂不精；秋之德雨，雨不信，其谷不坚，谷不坚，则五种不成；冬之德寒，寒不信，其地不刚，地不刚，则冻闭不开。天地之大，四时之化，而犹不能以不信成物，又况乎人事？/君臣不信，则百姓诽谤，社稷不宁；处官不信，则少不畏长，贵贱相轻……(《吕氏春秋·离俗览·贵信》)

明喻在结构上的变化十分明显。

其一，明喻详式的喻体统一置于本体之后，而此前在《尚书》中，“若”作喻词的明喻喻体多置于本体之前。由“若”字的这一变化又引起另一变化。

其二，明喻详式以“如”“若”作喻词的结构形式完全同一，即“如”作喻词所带喻体的语言结构复杂化，如字后甚至可以带上句群，如例“如农夫之务去草焉，芟夷蕴崇之，绝其本根，勿使能殖，则善者信矣”。(《左传·隐公六年》)。而在此前的如字后喻体都以单词为多，其次是简单词组。与此相反，“若”在《尚书》中只带复杂喻体而此时却又可以带上简单的喻体，如：“肌肤若冰雪，绰约若处子。”（《庄子·逍遥游》）又如：“有若犬、若鸟、若白鹄、若众车。”（《吕氏春秋·季夏纪·明理》）这种用法与“如”字为喻词无异。这种结构上的趋同也带来了功能的趋同。

上述变化都是由“若”字作喻词用法变化引起的。而“若”字用法的变化又涉及明喻略式的变化。

其三，明喻略式喻体项数增加，普遍以多项并列的博喻形式出现。所列九例中有七例是多项喻体并列。先前《尚书》中以“若”作喻词将多项并列，至此“若”类明喻在商周时代的功能，就被明喻略式取代。试比较：

> 若网在纲，有条而不紊；若农服田，力穑乃亦有秋。汝克黜乃心，施实德于民，至于婚友，丕乃敢大言汝有积德。(《尚书·盘庚上》)
>
> 枸木必将待檃栝烝矫然后直；钝金必待砻厉然后利；人之性恶，必将待师法然后正，得礼义然后治。(《荀子·性恶》)

以上两例，如将前者“若”字去掉，则前者与后者无不同；反之如将后者加上“若”字亦然。

3. 以判断句为形式的隐喻大量出现

隐喻在此之前至今仅发现一例，而此时以判断形式表达比喻的隐喻大量出现，可以说，这个时期是隐喻正式产生的时期。

①君子之德风，小人之德草。草上之风，必偃。（《论语·颜渊》）

②他人之贤者，丘陵也，犹可踰也；仲尼，日月也，无得而踰焉。（《论语·子语》）

③仁，人心也；义，人路也。（《孟子·告子上》）

④礼，国之干也；敬，礼之舆也。不敬则礼不行，礼不行，则上下昏。（《左传·僖公十一年》）

⑤夫令名，德之舆也；德，国家之基也。（《左传·襄公二十四年》）

⑥子产曰："……子（指子皮）于郑国，栋也。"（《左传·襄公三十一年》）

⑦赵衰，冬日之日也，赵盾，夏日之日也。（《左传·文公七年》）

⑧女（汝）为君耳，将司听也……女（汝）为君目，将司明也。（《左传·昭公九年》）

⑨夫君也者，民之川泽也。行而从之，美恶皆君之由，民何能为焉。（《国语·鲁语上》）

以判断句的形式表达比喻都是说明事物的性质。例①以草随风动喻君子之德对普通百姓的影响；例②以丘陵喻普通人的贤而以日月喻孔子之贤，言孔子之贤不可企及；例③将义比为人当走的路；例④将礼喻作国家的主干而将敬喻为车；例⑤是顶真式的比喻，"令名"（美名）是道德的车子，道德是国家的基石；例⑥以栋梁喻子皮的重要；例⑦以"冬日之日"喻赵衰的温和、亲切，以"夏日之日"喻赵盾的强硬、酷烈；例⑧将君王身边之人喻为君之耳目；例⑨将君喻为民之川泽。

4. 借喻始用于文学

借喻在《易经》中用于说理，而在春秋战国之际，文学作品中开始使用借喻，如《离骚》用例。

①扈江离与辟芷兮，纫秋兰以为佩。

②惟草木之零落兮，恐美人之迟暮。

③昔三后之纯粹兮，固众芳之所在。杂申椒与菌桂兮，岂惟纫夫蕙茝？

④朝饮木兰之坠露兮，夕餐秋菊之落英。

⑤掔木根以结茝兮，贯薜荔之落蕊，矫菌桂以纫蕙兮，索胡绳之纚纚。

上述《离骚》诸例都是以香草美人喻君子节操，文面不着一字，出现的只有喻体，本体都隐而不见。

政论性文章的艺术性表达也偶用借喻。

⑥子曰：“岁寒，然后知松柏之后凋也。”（《论语·子罕》）

⑦子之武城，闻弦歌之声，夫子莞尔而笑，曰：“割鸡焉用牛刀？”子游对曰：“昔者偃也闻诸夫子曰：‘君子学道则爱人，小人学道则易使也。’”子曰：“二三子！偃之言是也，前言戏之耳。”（《论语·阳货》）

例⑥以松柏后凋喻君子在危难中能守节操；例⑦武城是子游作县长的地方，孔子重视音乐的教化功能，听到武城有弦歌之声，很高兴，故意以“割鸡焉用牛刀”喻治小县用不着弦歌雅乐。这是夫子的取笑之言。

5. 喻体作定语的定中喻正式定型

定中结构的比喻，我们在此前于《诗经》中仅见一例，而在春秋战国时代，共发现四例，包含九个定中喻。这可以说明此类比喻正在此时成熟，其结构上仍以喻体作定语。

①今也南蛮鴂舌之人，非先王之道，子倍子之师而学之，亦异于曾子。（《孟子·滕文公上》）

②楚子将以商臣为太子，访诸令尹子上，子上曰：“……是人也，蜂目而豺声，忍人也，不可立。”（《左传·文公元年》）

③深目而豭喙。（《左传·昭公四年》）

④叔鱼生，其母视之，曰：“是虎目而豕喙，鸢肩而牛腹，谿壑可盈，是不可餍也，必以贿死。”遂不视。杨食我生，叔向之母

闻之，往，及堂，闻其号也，乃还，曰："其声，豺狼之声，终灭羊舌氏之宗者，必是子也。"（《国语·晋语》）

定中结构的比喻是形式最为简单的一种比喻，例①"鴂舌"，鴂即伯劳鸟，鸣叫之声极为难听，鴂舌即舌如伯劳；例②"蜂目而豺声"，言其眼如蜂而声如豺；例③"豭喙"豭即公猪，形容人嘴如猪；例④描写叔鱼的长相，目如虎，嘴如猪，肩如鸟，腹如牛，声如狼。这些比喻以极简单的语言形式，将事物的形貌描绘得栩栩如生。这是这个时代成熟起来的极为有表现力的比喻形式。

除上述四种比喻外，尚有零星的以喻体作状语、本体作中心词的状中喻，如"豕人立而啼"（《左传·庄公八年》）。此类比喻至汉代方大量出现，将在汉魏部分加以探讨。

（二）比喻的文体分布

春秋战国是百家争鸣的时代，比喻主要集中出现在散文中用于论政，诗歌中只有楚辞里有借喻的大量运用，这对后代诗歌有较大影响。

1. 散文中的比喻：形式、功能都更多样化

形式上变化：

其一，明喻喻词增多，除已有的"如""若"之外，新增的喻词有："譬如""犹""似""譬（之）""譬犹"，至此，我国古代明喻喻词已基本齐备。

其二，明喻略式大量出现，春秋战国文体骈俪化，特别是战国之后更甚。如《荀子》作品由于排偶句多被后人认为是作赋第一人。[①] 再加上春秋战国为我国学术第一个高峰，以比喻说理又是我国理论著作的习惯，故多用以说理的明喻略式。

其三，定心结构比喻在散文中大量出现。

功能上的变化：《尚书》中的比喻主要用于说理，而此时散文中比喻用于描绘的大量出现（特别是定中结构比喻纯粹用于描绘）。

2. 诗歌主要变化：借喻开始在诗歌中大量出现

这时的诗歌只有楚辞，楚辞中其他类别的比喻没有大的变化，但借

① 褚斌杰：《中国古代文体概论》，北京大学出版社1998年版，第74页。

喻在诗歌中大量出现不能不说是一个划时代的事件，从此诗歌中的一种不着一字尽得风流、言此而意彼的比喻方式，成为诗人们乐用不疲的形象化手段（例见上文借喻引例）。

第二节 先秦比拟

比拟的使用频率大大低于比喻，其形式也较比喻简单，先秦时期尚未出现拟物，只有拟人，而在拟人中多见超句的动植物拟人，偶见呼告拟人。句子形式的动植物拟人还未产生。且比拟的分布有明显的语体差异，故我们对比拟的演变直接以语体为经认类别为纬描写，因之，在内容的安排上与比喻有明显的差异，须从不同的语体中获取比拟形式演变信息。

一 诗歌中的比拟

先秦诗歌只有《诗经》，存在两种拟人。

（一）呼告拟人

呼告拟人，将物当成人呼唤，对物讲话，这种方式集中出现于《诗经》中。

①硕鼠，硕鼠，无食我黍，三岁贯女，莫我肯顾。逝将去女，适彼乐土。（《诗·魏风·硕鼠》）

②黄鸟，黄鸟，无集于谷，无啄我粟。（《诗·秦风·黄鸟》）

③隰有苌楚，猗傩其枝，夭之沃沃。乐子之无知。隰有苌楚，猗傩其华，夭之沃沃。乐子之无家。隰有苌楚，猗傩其实，夭之沃沃。乐子之无室。（《诗·桧风·隰有苌楚》）

目前，仅发现三例，例①是与硕鼠对话，是把鼠拟为人。例②赋予黄鸟以人的思想感情而与之对话。例③朱熹《诗集传》：“政烦赋重，人不堪其苦，叹其不如草木之无知而无忧也。”此也是呼告式拟人，把苌楚看成有感觉的人，对它讲：“平原上的苌楚啊，你长得如此茂盛而肥美，我真喜欢你的无知无识！”

（二）物言拟人

客观事物以人类语言自陈的方式拟人，这时仅有一例动物的物言拟人诗。

鸱鸮鸱鸮，既取我子，无毁我室。恩斯勤斯，鬻子之闵斯。

迨天之未阴雨，彻彼桑土，绸缪牖户。今女下民，或敢侮予？

予手拮据，予所捋荼。予所蓄租，予口卒瘏，曰予未有室家。

予羽谯谯，予尾翛翛，予室翘翘。风雨所漂摇，予维音哓哓！（《诗·豳风·鸱鸮》）

这是我国最古的一首禽言诗，也是采用拟人手法，有一定的情节，以篇章为单位。诗假托大鸟的口吻，诉说自己在猫头鹰抓去她的雏儿之后，仍辛苦劳动，修筑鸟巢。按《尚书·金滕》记载此诗为周公自托大鸟，表现自己尽心国事，是将人的语言和思想赋予大鸟，是拟人。

诗歌中的拟人从对象看，几乎都是动物被拟人化，目前仅见的四例拟人中，仅《诗·桧风·隰有苌楚》一例是植物拟人。而这一例是呼告拟人，植物只是被呼告对象，并不具备太多的人的特征——没有产生人的语言和行为，这似乎意味着动物更容易被拟人化，植物被拟人化要难得多。看清这一点有利于我们后文讨论拟人产生的机制。

二　散文中的比拟

散文中都是超句的动植物人格化的故事拟人，这类拟人是与讽喻结合在一起的，即：讽喻的喻体都有一部分为动植物拟人。

（一）超句动物拟人

①庄周家贫，故往贷粟于监河侯。监河侯曰：“诺，我将得邑金，将贷子三百金，可乎？”庄周忿然作色曰：“周昨来，有中道而呼者，周顾视车辙中，有鲋鱼焉。周问之曰：‘鲋鱼来！子何为者邪？’对曰：‘我东海之波臣也。君岂有斗升之水而活我哉？’周曰：‘诺。我且南游吴越之土，激西江之水而迎子，可乎？’鲋鱼忿然作色曰：‘吾失我常与（常与即：相与，水也），我无所处。

吾得斗升之水然活耳，君乃言此，曾不如早索我于枯鱼之肆！'"（《庄子·外物》）（此则将鲋鱼拟人化）

②邸夷子皮事田成子，田成子去齐而之燕。邸夷子皮负传而从，至望邑子皮曰："子独不闻涸泽之蛇乎？涸泽蛇将徙，有小蛇谓语大蛇曰：'子行而我随之，人以为蛇之行者耳，必有杀子，不如相衔负以越公道，人皆辟之曰神君也。'今子美而我恶，以子为我上客千乘之君也，以子为我使者万乘之卿也，子不如为我舍人。"田成子因负传随之，至逆旅，逆旅之君待之甚敬而献酒肉。（《韩非子·说林上》）

③赵且伐燕。苏代为燕谓惠王曰："今者臣来过易水，蚌方出曝，而鹬啄其肉，蚌合而钳其喙。鹬曰：'今日不雨，明日不雨，即有死蚌。'蚌亦谓鹬曰：'今日不出，明日不出，即有死鹬。'两者不肯相舍，渔者得而并禽之，今赵且伐燕，燕、赵久相支，以敝大众，臣恐强秦之为渔父也。"（《战国策·燕策》）

上述三例都是动物人格化故事，小故事中的动物都既有动物特性，又有了人的特征：例①鲫鱼离开水不能活命，这是物性，能向人求救，能与人对话这就具有人的特征了；例②蛇生活于湿地，泽干就迁移，这反映了蛇的动物习性，但能发出人言，能权衡得失又是人的特征了；例③鹬蚌相争，也是物而有人言。这类拟人都要依托一定情节的小故事，是动物在"事"才可拟人，所以，语言需要一定的长度，只能以语段、语篇为单位。

（二）超句植物及其他无生命之物拟人

这类拟人明显少于动物拟人，先秦北方作品都是动物拟人，植物拟人仅见于《庄子》《战国策》。《庄子》四处：《齐物论》之"罔两问景"、《人间世》之"匠石与栎社树"、《秋水》之"风怜目"、《大宗师》之"大冶铸金"。《战国策》类似拟人故事重见，《齐策三》《赵策一》同有"土偶与桃梗"，《赵策一》有"柱山两木"。这样至目前为止，我们在先秦文献中仅发现六例植物及无生命物的拟人，四例见于南方的楚文化背景的文献，两例见于《战国策》。而此书是汉代刘向所整理，汉人多受楚文化影响，高祖之《大风歌》楚辞体，与北方《诗经》

传统异趣，汉赋亦受楚辞影响。由此，我们认为植物拟人是楚文化的产物。

①匠石之齐，至乎曲辕，见栎社树，其大蔽数千牛，挈之百围，其高临山十仞，而后有枝。其可以为舟者旁十数。观者如市，匠伯不顾，遂行不辍。弟子厌观之，走及匠石曰："自吾执斧斤以随夫子，未尝见材如此其美也！先生不肯视，行不辍何邪？"曰："已矣，勿言之矣，散木也！以为舟则沈，以为棺椁则速腐，以为器则速毁，以为门户则液樠，以为柱则蠹；是不材之木也，无所可用，故能若是之寿。"匠石归，栎社见梦曰："女将恶乎比予哉？若将比予于文木邪？夫柤梨橘柚果蓏之属，实熟则剥，剥则辱，大枝折，小枝泄，此以其能苦其生者也，故不终其天年，而中道夭，自掊击于世俗者也。物不莫若是，且予求无所可用久矣，几死，乃今得之，为予大用。使予也而有用，且得有此大也邪？……"（《庄子・人间世》）

②孟尝君将入秦，止者千数而弗听。苏秦欲止之，孟尝曰："人事者，吾已尽知之矣；吾所未闻者，独鬼事耳。"苏秦曰："臣之来也，固不敢言人事也，固且以鬼事见君。"孟尝君见之。谓孟尝君曰："今者臣来，过于淄上，有土偶人与桃梗相与语。桃梗谓土偶人曰：'子，西岸之土也，挺子以为人，至岁八月，降雨下，淄水至，则汝残矣。'土偶曰：'不然。吾西岸之土也，土则复西岸耳。今子，东国之桃梗也，刻削子以为人，降雨下，淄水至，流子而去，则子漂漂者将何如耳。'今秦四塞之国，譬若虎口，而君入之，则臣不知君所出矣。"孟尝君乃止。（《战国策・齐策三》）

例②与《战国策・赵策一》的《苏秦说李兑》大同小异。

李兑曰："先生以鬼之言见我则可，若以人之事，兑尽制之矣。"苏秦对曰："臣固以鬼之言见君，非以人之言也。"李兑见之。苏秦曰："今日臣之来也暮，后郭门，藉席无所得，寄宿人田中，傍有大丛。夜半，土梗与木梗斗曰：'汝不如我，我者乃土也。

使我逢疾风淋雨，坏沮，乃复归土。今汝非木之根，则木之枝耳。汝逢疾风淋雨，漂入漳、河，东流至海，泛滥无所止。’臣窃以为土梗胜也。今君杀主父而族之，君之立于天下，危于累卵。君听臣计则生，不听臣计则死。”李兑曰：“先生就舍，明日复来见兑也。”苏秦出。(《战国策·赵策一》)

例①栎社树能与人交谈，且能阐发无用之大用的深奥道理，完全人格化了；例②两个重复的故事，都出于苏秦之口，说明人要了解眼前的危险，谨慎处事。故事中泥土做成的小偶人、桃梗刻成的小人都能讲话。

第三节 先秦讽喻

先秦时代是我国讽喻的起源时期，也是历史上的一个高峰时期。但在形式上却又是最原始的时期，这时的讽喻依附于上下文、夹杂在行文中，是一种不独立、依附性讽喻。

这一时期是社会演变的时期，这一时期是中国学术空前繁荣的时期也是讽喻手段后无来者的繁荣时代，与先秦特别是春秋战国时代独特的社会背景有关。

春秋战国时代的社会动荡造就了文化的辉煌，《汉书·艺文志·诸子略》言：“诸子十家……皆起于王道既微，诸侯力政，时君世主，好恶殊方。是以九家之术，蜂起并作，各引一端，崇其所善，以此驰说，取合诸侯。”从战国始的诸子一直延续至汉，有儒、道、法、阴阳、名、墨、农、纵横、杂、小说等十余家。诸子在宣传自己的学说时都好运用讽喻。最为突出的是《孟子》《墨子》《韩非子》《庄子》。

同时春秋政治上的不统一导致的连年兼并战争，各国统治者都需要招揽能强兵富国的人才，而汉的统一为维护大汉的统治也采取了招贤制度。这一漫长的历史时期对人才的渴求使得游说之士蜂起，尤其是春秋战国时期，这一时期“士”阶层非常活跃，很多人以辩才获卿相之位。他们在宣传自己的主体时也常用讽喻。对此史传中多有记载，如《战国策》有大量的讽喻。

一　讽喻的类别

（一）按喻体性质划分

1. “世情故事”类讽喻

此类讽喻文本的喻体都是虚构的世情故事（或可称为生活故事），如：

> ①子墨子言，见染丝者而叹曰：“染于苍则苍，染于黄则黄，所入者变，其色亦变，五入必（同毕），而已则为五色矣。故染不可不慎也。非独染丝然也，国亦有染。”（《墨子·所染》）
>
> ②（孟子批评告子对培养仁义急于求成）：心勿忘，勿助长也。无若宋人然：宋人有闵其苗之不长而揠之者，茫茫然归，谓其人曰：“今日病矣！予助长矣！”其子趋而往视之，苗则槁矣。天下之不助苗长者寡矣。以为无益而舍之者，不耘苗者也；助之长者，揠苗者也——非徒无益，而又是害之。（《孟子·公孙丑上》）
>
> ③弈秋，通国之善弈者也。使弈秋诲二人弈。其一人专心致志，惟弈秋之为听；一人虽听之，一心以为有鸿鹄将至，思援弓缴而射之，虽与之俱学，弗若之矣！为是其智弗若与？曰：非然也。（《孟子·告子上》）

例①后人概括为成语“墨悲丝染”，小故事以染丝为喻，丝染于苍（黄）则苍色，染于黄则黄色，喻人所处的社会环境对人的道德养成很重要；例②后人概括为成语“拔苗助长”，宋人愚蠢的行为不仅不使苗长，还导致苗枯，喻品德培养不能急于求成。

> ④戴盈之曰：“什一，去关市之征，今兹未能，请轻之，以待来年，然后已，何如？”孟子曰：“今有人日攘其邻之鸡者，或告之曰：‘是非君子之道。’曰：‘请损之，月攘一鸡，以待来年，然后已。’——如知其非义，斯速已矣，何待来年？”（《孟子·滕文公下》）

例④大意：戴盈之说：“以十分之一的税率收税，免征关市之税，现在还不行，等待来年停征，怎么样?”孟子说：“现在有一人每天都要偷邻居家的鸡，有人告诉他说：‘这不是君子之道’。那人说：‘请允许少偷点，每月偷一只，等到来年再不偷。’——知道不对就迅速改掉，何以要等到来年?”

⑤宋人有耕者，田中有株，兔走触株，折颈而死。因释其耒而守株，冀复得兔。兔不可复得，而身为宋国笑。(《韩非子·五蠹》

⑥荆人欲袭宋，使人先表水。水暴益，荆人弗知，循表而夜涉，溺死者千有余人，军惊而坏都舍。向其先表之时可导也，今水已变而益多矣，荆人尚犹循表而导之，此其所以败也。今世之一主，法先王之法也，有似于此。(《吕氏春秋·慎人览·察今》)

⑦楚人有涉江者，其剑自舟中坠于水，遽契其舟曰：“是吾剑之所从坠。”舟止，从其所契者入水求之。舟已行矣，而剑不行，求剑若此，不亦惑乎？以故法为其国与此同。时已徙矣，而法不徙，以此为治，岂不难哉？(《吕氏春秋·慎人览·察今》)

例④以偷鸡贼不改偷鸡事喻国家知错不改，如同偷鸡恶习不改；例⑤以守株待兔喻世变而政治措施不变；例⑥楚人袭击宋人不知因事制宜，水涨而依然按事先探测的标识夜间渡河，结果千人溺死，此喻世变法亦当变；例⑦刻舟求剑，喻世变而治国之法不变。

以上七例都是以情节简略、生动有趣的人物故事来说理。喻体还有以“拟人故事”构成的。

2. “拟人故事”类讽喻

喻体为拟人故事写成的讽喻，南方文化区明显多于北方文化区，尤以楚文化区的庄子为甚。

①匠石之齐，至乎曲辕，见栎社树，其大蔽数千牛，絜之百围，其高临山十仞，而后有枝。其可以为舟者旁十数。观者如市，匠伯不顾，遂行不辍。弟子厌观之，走及匠石曰：“自吾执斧斤以随夫子，未尝见材如此其美也！先生不肯视，行不辍何邪?”曰：

“已矣，勿言之矣，散木也！以为舟则沈，以为棺椁则速腐，以为器则速毁，以为门户则液樠，以为柱则蠹；是不材之木也，无所可用，故能若是之寿。”匠石归，栎社见梦曰：“女将恶乎比予哉？若将比予于文木邪？夫柤梨橘柚果蓏之属，实熟则剥，剥则辱，大枝折，小枝泄，此以其能苦其生者也，故不终其天年，而中道夭，自掊击于世俗者也。物不莫若是，且予求无所可用久矣，几死，乃今得之，为予大用。使予也而有用，且得有此大也邪？……”（《庄子·人间世》）

②庄周家贫，故往贷粟于监河侯。监河侯曰：“诺，我将得邑金，将贷子三百金，可乎？”庄周忿然作色曰：“周昨来，有中道而呼者，周顾视车辙中，有鲋鱼焉。周问之曰：‘鲋鱼来！子何为者邪？’对曰：‘我东海之波臣也。君岂有斗升之水而活我哉？’周曰：‘诺。我且南游吴越之土，激西江之水而迎子，可乎？’鲋鱼忿然作色曰：‘吾失我常与（常与即：相与，水也），我无所处。吾得斗升之水然活耳，君乃言此，曾不如早索我于枯鱼之肆！’”（《庄子·外物》）

③子独不闻夫埳井之鼃乎？谓东海之鳖曰：‘吾乐与！出跳梁乎井幹之上，入休乎缺甃之崖；赴水则接腋持颐，蹶泥则没足灭跗；还虷、蟹与科斗，莫吾能若也！且夫擅一壑之水，而跨跱埳井之乐，此亦至矣。夫子奚不时来入观乎？’东海之鳖左足未入，而右膝已絷矣，于是逡巡而却，告之海曰：‘夫千里之远，不足以举其大；千仞之高，不足以极其深。禹之时十年九潦，而水弗为加益；汤之时八年七旱，而崖不为加损。夫不为顷久推移，不以多少进退者，此亦东海之大乐也。’于是埳井之鼃闻之，适适然惊，规规然自失也。（《庄子·秋水》）

④赵且伐燕。苏代为燕谓惠王曰：“今者臣来，过易水，蚌方出曝，而鹬啄其肉，蚌合而钳其喙。鹬曰：‘今日不雨，明日不雨，即有死蚌。’蚌亦谓鹬曰：‘今日不出，明日不出，即有死鹬。’两者不肯相舍，渔者得而并禽之，今赵且伐燕，燕、赵久相支，以敝大众，臣恐强秦之为渔父也。”（《战国策·燕策》）

例①至例③都是《庄子》中的讽喻，都是动植物拟人的故事。例①栎社树因其无用得以成为参天古木，有用之木反不能终其天年，此阐述了庄子无用之用的全身保命的思想；例②涸辙之鲋的故事讲处事要实事求是；例③通过井底之蛙的故事，喻公孙龙学派是井底天地，而庄子之学则为浩瀚的大海，喻体将井蛙和东海之鳖全拟人化；例④通过鹬蚌相争渔翁得利的故事，说明赵燕相争强秦得利的道理。

（二）按讽喻的结构划分

讽喻从结构要素即本体是否出现划分，可分为两类：其一，本体出现，约相当于普通比喻的明喻和隐喻，但此类讽喻无法在形式上与明喻、隐喻一一对应，故姑且称之为“明喻式讽喻”；其二，本体不出现，与普通比喻的借喻相当，姑且称之为“借喻式讽喻”。

1. 明喻式讽喻

先秦两汉的讽喻主要是明喻式，如上所列全是，下面再略举两例，为方便读者清晰了解讽喻结构，我们在本体与喻体分界处以“/”标识，如（本体/喻体）意即：“/”之前为本体，“/”之后为喻体。

①荆宣王问群臣曰：“吾闻北方之畏昭奚恤也！果诚何如？”群臣莫对。江一对曰：“虎求百兽而食之，得狐。狐曰：‘子无敢食我也！天帝使我长百兽，今子食我，是逆天命也。子以我言为不信，吾为子先行，子随我后，观百兽之见我而敢不走乎？’虎以为然，故遂与之行。兽见之皆下次。虎不知兽畏己而走也，以为畏狐也。”（喻体）/（本体）今王之地方五千里，带甲百万，而专属之昭奚恤。故北方之畏奚恤也，其实畏王之甲兵也，犹百兽之畏虎也。（《战国策·楚策》）

②然则仲尼之圣尧奈何？圣人明察在上位，将使天下无奸也。今耕渔不争，陶器不窳，舜又何德而化？舜之救败也，则是尧有失也；贤舜则去尧之明察，圣尧则去舜之德化；不可两得也。（本体）/（喻体）楚人有鬻盾与矛者，誉之曰：“吾盾之坚，物莫能陷也。”又誉其矛曰：“吾矛之利，于物无不陷也。”或曰：“以子之矛陷子之盾，何如？”其人弗能应也。夫不可陷之盾与无不陷之矛，不可同世立。今尧、舜之不可两誉，矛盾之说也。（《韩非

子·说难》)

例①喻体在前，本体在后，喻体部分讲述狐假虎威的故事，本体部分揭示喻体意义："故北方之畏奚恤也，其实畏王之甲兵也，犹百兽之畏虎也。"例②与例①结构相反，本体在前意为仲尼同时赞美尧舜不妥：赞美舜的教化就说明尧有过失，如赞美尧的明察则不可能有舜的德化。其后以"自相矛盾"的故事为喻体，说明尧舜不可两誉。

2. 借喻式讽喻

不提示本体的借喻式讽喻在先秦两汉极为罕见。这因为先秦两汉的讽喻都几乎是附着于某一段说理文字。不出现本体的讽喻仅见于《庄子》《韩非子》。因两书有些篇章是由若干互无关联的小故事汇集而成，全文并无统一主旨，当然这在两书也不多见。

①黄帝游乎赤水之北，登乎昆仑之丘而南望，还归遗其玄珠。使知（智，寓名）索之而不得，使离朱（古代传说中视力最好的人）索之而不得，使喫诟（言辩，寓名）而不得，乃使象罔（无心，寓名），象罔得之。黄帝曰："异哉！象罔乃可以得之乎？"(《庄子·天地》)

例①讲述黄帝遗失玄珠，聪明的人、视力好的人都无法寻到，最后倒是无心之人寻到，故事没有提示喻义，但道家主张放弃机心，以无心之心处事的主张十分明显。

②三虱食彘相与讼，一虱过之曰："讼者奚说?"三虱曰："争肥饶之地。"一虱曰："若亦不患腊之至而茅之燥耶？若又奚患?"于是，乃相与聚嘬其身而食之。彘臞人乃弗杀。(《韩非子·说林下》)

例②喻处事不能只顾眼前利益，更应关注长远利益。

这一时期的讽喻都是依附于一定的上下文，不能独立成篇。

二 讽喻的文体分布

讽喻只存在于散文中，即诸子散文和史籍中，诸子散文以讽喻作论证手段，常作为理论性文字的一部分，如《庄子》仅《达生》一篇就有十一则讽喻；史传中的讽喻毫无例外地出现于人物对话过程中，史传中的人物在申说自己的观点，劝说他人接受自己主张或为自己作辩护时常用讽喻，如《战国策》一书有五十一则讽喻都出现于人物对话过程中。

（一）依附于子书的讽喻

在先秦两汉的子书中有不少讽喻，《孟子》《庄子》《韩非子》《墨子》《吕氏春秋》都有大量的讽喻，子书讽喻主要是用来阐发哲理。

①阳子之宋，宿于逆旅。逆旅人有妾二人，其一人美，其一人恶（丑陋），恶者贵而美者贱。阳子问其故，逆旅小子对曰：“其美者自美，吾不知其美也；其恶者自恶，吾不知其恶也。”阳子曰：“弟子记之，行贤而去自贤之行，安往而不爱。”（《庄子·山木》）

②庄子行于山中，见大木树叶叶盛茂，伐木者止其旁而不取也。问其故，曰：“无所可用。”庄子曰：“此木以不材得终其天年。”夫子出于山，舍于故人之家。故人喜，命竖子杀雁而烹之。竖子请：“其一能鸣，其一不能鸣，请奚杀？”主人曰：“杀不能鸣者。”明日，弟子问于庄子曰：“昨日山中之木以不材得其天年；今主人之雁以不材死。先生将何处？”庄子笑曰：“周将处乎材与不材之间。材与不材之间，似之而非也。”

③秦伯嫁其女于晋公子，令晋为之饰装，从衣文之媵七十人。至晋，晋人爱其妾而贱公女。此可谓善嫁妾而未可谓善嫁女也。楚人有卖其珠于郑者，为木兰之柜，熏桂椒之椟，缀以珠玉，饰以玫瑰，辑以羽翠。郑人买其椟而还其珠。此可谓善鬻珠也。（《韩非子·外储说左上》）

例①宋人有两妾，美者贱而丑者贵，原因是美者自以为美，而丑者自以为丑，此喻处世不可以自我炫耀。例②山木以无用而得以长生，雁却以有用而丧命，庄子以此论证：为人处世当处于有用与无用之间。例③包含两则故事：秦伯嫁女，把陪嫁丫头打扮得过于漂亮，结果丈夫爱丫头而轻视秦国公主；楚人卖珠，珠盒过于华丽，结果买家取珠盒而弃其珠。这两则故事说明内容比形式更为重要。

同史传中的讽喻比，子书中的讽喻有一定的独立性，即：讽喻不太依赖于前后文语境，相反史传中讽喻只能在对话过程中出现，对语境有很强的依赖。

（二）依附于史传的讽喻

史传中讽喻都出现于人物对话中。

①昭阳为楚伐魏，覆军杀将，得八城，移兵而攻齐。陈轸为齐王使……陈轸曰："令尹贵矣！王非置两令尹也！臣窃为公譬可也，楚有祠者，赐舍人卮酒，舍人相谓曰：'数人饮之不足，一人饮之有余，请画地为蛇，先成者饮酒。'一人蛇先成，引酒且饮之，乃左手持卮，右手画蛇，曰：'吾能为之足。'未成，一人之蛇成，夺其卮，曰：'蛇固无足，子安为之足？'遂饮其酒。为蛇足者，终亡其酒。今君相楚而及魏，破军杀将，得八城，又移兵欲攻齐，齐畏公甚，公以是为名，居足矣！官之上非可重也！战无不胜而不知止者，身且死，爵且后归，犹为蛇足也。"昭阳以为然，解军去。（《战国策·齐策》）

②苏厉谓周君曰："败韩、魏……者，皆白起。是攻用兵，又有天命也。今攻梁，梁必破。破则周危，君不若止之。"

谓白起曰："有养由基者，善射。去杨叶百步而射之，百发百中。左右皆曰'善'。有一人过，曰：'善射；可教射矣。'养由基曰：'人皆善，子乃曰教射。子何不代我射之也？'客曰：'我不能教子支左屈右。夫射柳叶者，百发百中而不已善息，少焉气力倦，弓拨矢拘，一发不中，前功尽矣。'今破韩、魏……公之功甚多。今又以秦兵出塞，过两周，践韩而以攻梁。一攻而不得，前功尽灭。公不若称病不出也。"（《战国策·西周策》）

③（秦武王令甘茂率军伐韩，甘茂担心久战不克会招致谗言，因以讽喻自保）"昔者，曾子处费，费人有与曾子同名族者

而杀人。人告曾子母曰：‘曾参杀人。’曾子之母曰：‘吾子不杀人。’织自若。有顷焉，人又曰：‘曾参杀人。’其母尚织自若也。顷之，一人又告之曰：‘曾参杀人。’其母惧，投杼逾墙而走。夫以曾参之贤与母之信也，而三人疑之，则慈母不能信也。今臣之贤不及曾子，而王之信臣又未若曾子之母也，疑臣者不适三人，臣恐王之为臣投杼也！”

王曰：“寡人不听也……”（《战国策·秦策》）

以上三例《战国策》中的讽喻都出自人物对话过程中，例①有名的智慧之士陈轸以“画蛇添足”的小故事为喻劝说昭阳，使其停止攻齐；例②苏厉以“养由基学射”的故事为喻，劝阻白起攻梁；例③甘茂以“曾参杀人”的故事为喻，使秦武王不听谗言。

史传作品中的讽喻对前后文依赖较大，离开具体的上下文语境是不能独立表意义的，讽喻都是对具体事件而发的。

第二章　汉魏晋南北朝喻类辞格

汉魏晋南北朝是喻类辞格重要的转折过渡期，比喻产生了新的样式，比拟的动作性拟人和虚物拟物开始萌芽，讽喻则传入佛教的《百喻经》从而使国人第一次认识了独立成篇的讽喻形式。由于这时历史时期的典籍繁多，个人精力无法穷尽，故从我们故有的阅读为背景，以语体学为思考路径，我们认为：一定的形式与功能是相关联的，一定的功能需要一定的形式，语体是一种语言的功能分类，因之，不同的语体会分布不同的辞格形式。叙事类选：《史记》《汉书》《世说新语》；议论类选：重点使用《淮南子》（因其内容丰富，体系宏大，语料典型，对后世影响大）兼及选入《文选》的散文篇章，诗赋在此时有划时代的变化，汉赋是新的文学样式，而此时的诗歌又是从唐诗的先导，是重要过渡期，因之诗赋全选，对象为《全汉赋》《先秦汉魏晋南北朝诗》。相信这一范围足以反映出这一历史时期的语言风貌。

第一节　汉魏晋南北朝比喻辞格：传统比喻的过渡时期

汉魏晋南北朝在中国历史上是哲学、文学的转型期、过渡期。在哲学上经历了汉的独尊儒术，魏晋的玄风独扇和南北朝的佛学盛行，可以说这是中国哲学史、思想史最为复杂、最为多变的时期。在文学上则又处于文学自觉的时代：赋、骈文、艺术散文、五七言诗歌、史传文学、小说等中国文学史上最主要的文学样式在这一时期都已成熟。此外，这一时期的文学作品极重语言形式的加工，唯美主义曾是这一时期后期最主要的文学审美趣味。同时北方游牧民族的大举南下、佛教的传入又使这一时代成为中国历史上文化交流融合最为活跃的时期。这一时期自然也是比喻发展的重要时期。

它的重要变化是：部分明喻喻词在诗歌中趋同；状中结构比喻正式形成；定心喻发生结构变化。

这一时期的比喻除在形式上借喻发展更成熟、省略喻词的比喻在诗歌类作品中出现外，在内容上比喻的本体与喻体之间的相似关系变得更具主观色彩。

一　比喻的种类

（一）部分明喻详式喻词在诗歌中趋同

此时明喻详式使用喻词大致同于春秋战国，但“如”“若”“似”三喻词在诗歌中趋同。

1. 以“如”作喻词

以“如”作喻词仍是这一时期明喻最为常见的形式，“如”从语体环境上可用于散文亦可用于诗歌，从功能上主要用于描写，亦可用于说明、解释。

①（宋义）因下令军中曰：“猛如虎，很如羊，贪如狼，强不可使者，皆斩之。”（《史记·项羽本纪》）

②（项王）曰：“富贵不归故乡，如衣绣夜行，谁知之者！”（《史记·项羽本纪》）

③天子如堂，群臣如陛，众庶如地。（汉·贾谊《阶级》）

例③用比喻说明社会等级，言天子如堂屋，群臣如台阶（陛即台阶），众人处在最低位置即土地上。

④忧来如循环，匪席不可卷。（汉·秦嘉《赠妇诗》）

⑤风流云散，一别如雨。（魏·王粲《赠蔡子笃诗》）

⑥有肉如丘，有酒如泉，有肴如林，有货如山。（晋·裴秀《大蜡诗》）

⑦据鞍长叹息，泪下如流泉。（晋·刘琨《扶风歌》）

⑧青天莹如镜，凝津平如研。（晋·湛方生《天日青诗》）

⑨渊冰厚三尺，素雪覆千里。我心如松柏，君情复何似。（晋·清商曲辞《冬歌十七首》）

⑩花树杂为锦，月池皎如练。（齐·谢朓《别王丞僧孺诗》）

⑪闺中花如绣，帘上露如珠。（梁·萧衍《夏歌四首》）

⑫艳艳金楼女，心如玉池莲。持底报郎恩；俱期游梵天。（梁·萧衍《欢闻歌二首》）

2. 以“若”作喻词

①慈父之爱子，非为报也，不可内解于心；圣人之养民，非求用也，性不能已。若火之自热，冰之自寒，夫有何修焉？（《南子·缪称训》）

②故其华表，则镐镐铄铄，赫奕章灼，若日月之丽天也。其奥秘，则蘙蔽暧昧，仿佛退概，若幽星之纚连也……远而望之，若摛朱霞而耀天文，迫而察之，若仰崇山而戴垂云。（晋·何晏《景福殿赋》）

③人生寄一世，奄忽若飙尘。（《古诗十九首》）

例①以“火之自热”“冰之自寒”喻慈父爱子、仁君养民出乎天性，并不需要道德修养；例②以比喻描绘景福殿的壮观景象：华丽的外表如日月高悬天际，其隐蔽处又如幽星连缀，远望如红霞光耀天际，近观如高山顶着云彩；例③以飞扬的浮尘喻快速消逝的人生。

④人居天地间，飘若远行客。（晋·潘岳《杨氏七哀诗》）

⑤人生若寄，憔悴有时。（晋·陶渊明《荣木诗》）

⑥南国有佳人，容华若桃李。（魏·曹植《南国有佳人》）

⑦人生若尘露，天道邈悠悠。（魏·阮籍《朝阳不再盛》）

⑧嵇叔夜之为人也，岩岩若孤松之独立；其醉也，傀俄若玉山之将崩。（宋·刘义庆《世说新语》）

3. 以“犹”作喻词

犹作喻词的比喻多出现于散文中说理，如：

①夫贵贱之于身也，犹条风之时丽也；毁誉之于己，犹蚊虻之一过也。(《淮南子·俶真训》)

②君人者，其犹射者乎？于此毫末，于彼寻常矣。(《淮南子·主术训》)

③使人主执正持平，如从绳准高下，则群臣以邪来，犹以卵投石，以火投水。(《淮南子·主术训》)

④君不能赏无功之臣，臣亦不能死无德之君。君德不下流于民，而欲用之，如鞭蹄马矣，是犹不待雨而求熟稼，必不可之数也。(《淮南子·主术训》)

例①以“条风时至”（春风依时而至）喻贵贱不足萦心，以“蚊虻之一过”喻毁誉不足扰志；例②以射箭喻治人，发射差之毫厘，目标则失之千里；例③以“以卵击石，以水投火”说明邪不可压正；例④将君不施仁德于百姓而望百姓乐用喻为“不待雨而求熟稼”。

4. 喻词“似”在诗歌对偶中与其他喻词功能趋同

单用“似”作喻词少见。

①挤玉户撼金铺兮，声噌吰而似钟音。（汉·司马相如《长门赋》)

例①意：那噌吰的推门声像敲响了金钟。

②王大将军称太尉处众人中，似珠玉在瓦石间。（宋·刘义庆《世说新语·容止》)

用“似”字单独作喻词从春秋战国至汉魏晋南北朝都十分少见，对于汉魏我们无法提供更多的以“似”独立作喻词的实例。然而值得注意的是，在汉魏晋南北朝期间，“似”常常同“如”“若”，特别是

“如”等喻词在对偶语境中伴随出现，其用法与“如”“若”无异。在对偶的上下文中用“如”“若”“似”全是出于修辞上的避复。功能上三者并无差异，如：

③状如天轮胶戾而激转，又似地轴挺拔而争回。（晋·木华《海赋》）

④濯龙望如海，河桥渡似雷。（《乐府古辞歌》）

⑤武骑列重围，前驱抗修旃。倏忽似回飙，络绎若浮烟。（晋·张华《游猎篇》）

⑥空濛如薄雾，散漫似轻埃。（齐·谢朓《观朝雨诗》）

⑦状如薪遇火，亦似草行风。（梁·萧衍《灵空诗》）

⑧溶溶如渍璧，的的似沈钩。（梁·萧纲《水月》）

⑨山似莲花艳，流如明月光。（梁·萧绎《折杨柳》）

⑩叶翠如新剪，花红似故裁。（梁·萧绎《咏石榴诗》）

⑪石文如濯锦，云飞似散珪。（梁·萧绎《泛芜湖诗》）

⑫摇兹扇似月，掩此泪如珠。（梁·萧绎《戏作艳诗》）

⑬入楼如雾上，拂马似尘飞。（梁·萧绎《咏细雨诗》）

总之，“似”与“如”之类只是词在对偶环境中共同出现，其用例不胜枚举，而独用却十分罕见，这种现象只能解释为“似”在此时尚未发展成为典型喻词，因此，它只有同典型喻词出现在对偶句的相对位置，才在语型、语义上提示它具备比喻意义。因为对偶句其对应位置往往在语义上是互释的，如：“哀人道之多险，伤人道之寡安。”（宋·谢晦《悲人道》）“哀”“伤”同义而互释。或许可以这样推论：正是“似”字在南北朝诗歌对偶句中大量用作喻词，才促成它在后世作品中成为一个能独立使用的、典型的比喻词。

5. “譬”“譬若”“譬如”“譬犹”作喻词

此类喻词的比喻，其功能及形式与先秦时期并无什么变化。略举几例：

①无他端而欲赴秦军，譬若以肉投馁虎，何功之有哉？（《史

记·魏公子列传》)

②人主静漠而不躁，百官得修焉。譬如军之持麾者，妄指则乱矣。(《淮南子·主术训》)

③是故有大略者，不可责以捷巧；有小智者，不可任以大功……譬犹狸之不可使搏牛，虎之不可使搏鼠也。(《淮南子·主术训》)

此类喻词连接的喻体一概为句子，在功能上概为说理。

6. 其他偶用喻词

①轻鬓学浮云，双蛾拟初月。(梁·沈满愿《映水曲》)

例①中“学”“拟”都是普通动词作喻词。此类用法甚少。

明喻略式：

②夫天不定，日月无所载；地不定，草木无所植；/所立于身者不宁，是非无所形。是故有真人然后有真知。(《淮南子·俶真训》)

③夫鉴明者，尘垢弗能埋；/神清者，嗜欲弗能乱。(《淮南子·俶真训》)

④鹿之上山，獐不能跂也，及其下，牧竖能追之，才有所修短也。/是故有大略者不可责以捷巧；有小智者，不可任以大功。(《淮南子·主术训》)

例②以“天地不定”无以载日月、无以植草木，喻心体宁静的重要；例③以镜明则尘垢不能污染，喻精神高洁则私欲不能乱心；例④以鹿上山善跑而下山不善跑，喻人的能力有所短长。

⑤郁郁涧底松，离离山上苗。以彼径寸茎，阴此百尺条。/世胄蹑高位，英俊沈下僚。地势使之然，由来非一朝。(晋·左思《咏史其二》)

⑥习习笼中鸟，举翮触四隅。/落落穷巷士，抱影守空庐。（晋·左思《咏史其八》）

诗歌用比喻略式，常如例⑤、例⑥，喻体前置作起兴引出后文本体。

（二）隐喻产生了以“为”“成”作喻词的新形式

此时隐喻在形式上有所发展，除以判断形式喻外，又产生了以“为”“成”作喻词的隐喻。

判断形式的隐喻：

①神者智之渊也，渊清则智明矣；智者心之府也，智公则心平矣。（《淮南子·俶真训》）

②权势者，人主之车舆；爵禄者，人臣之辔衔也。（《淮南子·主术训》）

③君，根本也；臣，枝叶也。（《淮南子·缪称训》）

④皓齿蛾眉，命曰伐性之斧；甘脆肥脓，命曰腐肠之药。（汉·枚乘《七发》）

新的隐喻形式：

⑤如今人方为刀俎，我为鱼肉。（《史记·项羽本纪》）

⑥……密雪下……既因方而为珪，亦遇圆而成璧。（宋·谢惠连《雪赋》）

⑦且夫天地为炉兮，造化为工；阴阳为炭兮，万物为铜。（汉·贾谊《鹏鸟赋》）

从用例看，隐喻在汉魏间变化十分明显：例①至例④都为传统的判断形式的隐喻，用以表现事物的性质，如例③君是根本，臣是枝叶，表达了君臣地位差别。例④以“伐性之斧”“腐肠之药”说明沉溺于美色、美食有害于生命的性质。而例⑤至例⑦则是这个时代新产生的隐喻形式，这些用例中的“成”“为”是后代常见的隐喻喻词，义为“当作”“变成”。新旧形式的隐喻功能差异十分明显，判断形式的隐喻揭示事物的性质，新形式的隐喻则用以叙事与描写，泾渭分明。

（三）借喻的语言单位多样化

1. 以词、词组为单位的借喻

①西京乱无象，豺虎方遘患。（魏·王粲《七哀诗》）

②张华见褚陶，语陆平原曰：“君兄弟龙跃云津，顾彦先凤鸣朝阳，谓东南之宝已尽不意复见褚生。”（《世说新语·赏誉》）

③陈涉太息曰：“嗟乎，燕雀安知鸿鹄之志哉！”（《史记·陈涉世家》）

例①以词“豺虎”借喻军阀；例②以“东南之宝”喻称东南人才；例③以“燕雀”指普通人，“鸿鹄”指英雄。

2. 以句为单位的借喻

①孔融被收，中外惶怖。时融儿大者九岁，小者八岁，二儿故琢钉戏，了无遽容。融谓使者曰：“冀罪止于身，二儿可得全不？”儿徐进曰：“大人岂见覆巢之下，复有完卵乎？”寻亦收至。（宋·刘义庆《世说新语·言语》）

②庾太尉少为王眉子所知，庾过江，叹王曰：“庇其宇下，使人忘寒暑。”（宋·刘义庆《世说新语·赏誉》）

以上两例都是以句为单位的借喻，例①以覆巢无完卵喻一人犯事株连全家；例②喻得人关爱，备感温暖。

3. 在诗歌中尚有通篇借喻

①北山有鸮，不洁其翼。/飞不正向，寝不定息。/饥则木揽，饱则泥伏。/饕殄贪污，臭腐是食。/填肠满嗉，嗜欲无极。/长鸣呼凤，谓凤无德。/凤之所趋，与子异域。/永从此诀，各自努力。（汉·朱穆《与刘伯宗绝交诗》）

②女萝自微薄，寄话长松表。何异负霜死，贵得相缠绕。

(宋·清商曲辞《襄阳乐之八》)

以上两例，例①以污秽的猫头鹰与高洁的凤凰喻君子与小人不同道；例②以女萝绕长松喻女子痴情于男子。

(四) 定中喻产生新的结构变化

定中结构的比喻在这一时期产生了明显的结构变化：一是汉以后的用例中，本体与喻体间增加了结构助词“之”；二是南北朝时期，语序上产生了本体在前作定语，喻体在后作中心词的新形式。这两种变化是历史上第一次发生的，所以值得注意。

1. 本体与喻体之间加结构助词“之”

①嗜欲之源灭，廉耻之心生。(汉·班固《东都赋》)

②亘雄虹之长梁，结棼橑以相接。(汉·张衡《西京赋》)

2. 本体作修饰语，喻体反居中心语位置

①嗟怨之水，特结愤泉。感哀之云，偏含愁气。(北周·庾信《拟连珠》)

例①中嗟怨、愤、感哀、愁都是本体作定语，水、泉、云、气都为喻体，反客为主地做了中心词。

也有传统用例：

②与君新为婚，瓜葛相结连。寄托不肖躯，有如倚太山。兔丝无根株，蔓延自登缘。萍藻托清流，常恐身不全。被蒙丘山惠，贱妾执拳拳。(魏·曹叡《种瓜篇》)

例②“丘山”是喻体，“惠”为本体，句意言恩如山重。是传统用法，以喻体为定语。

(五) 状中喻成熟

状语加中心词的比喻在春秋战国时代偶见一两例，此时明显增多，有些文章连串使用，这些都可证明状中喻已是一种成熟的比喻形式。

①若夫钳且、大丙之御也，除辔衔，去鞭弃策，车莫动而自举，马莫使而自走也。日行月动，星耀而玄运，电奔而鬼腾。（《淮南子·览冥训》）

例①“日行月动”即像日月那样奔驰；“星耀”形容马奔如流星迅疾；“电奔而鬼腾”亦是形容马奔如同闪电、如同鬼神出没那般快速。

②熊经鸟伸，凫浴猿躩，鸱视虎顾，是养形之人也。（《淮南子·精神训》）

上例是讲养生的五禽戏，言人的动作如熊、如鸟、如鸭、如猿、如猫头鹰、如虎 。

③秦孝公据崤函之固，拥雍州之地，君臣固守，以窥周室，有席卷天下、包举宇内、囊括四海之意，并吞八荒之心。（汉·贾谊《过秦论》）

④周以龙兴，秦以虎视。（汉·班固《西都赋》）

⑤列卒周匝，星罗云布。（汉·班固《西都赋》）

状中结构比喻在前代少见，因结构简单、表现力强，至汉魏之际剧增，可见状中喻是在汉魏时成熟的。在分布上多出现于散文和赋中，诗中尚未发现。

（六）诗歌中出现省喻词的比喻

此时产生了省喻词的比喻，这类比喻不同于陈望道《修辞学发凡》中明喻、隐喻的喻词未出现者，即此时的省喻词的比喻本体与喻体间不构成并列句式，不形成修辞关系，完全可看成是明喻详式的喻词省略。因为在结构上与现在所论的比喻诸形式有异，故另列一项以利于随历史进程作进一步的跟踪观察。

①淑女总角时，唤作小姑子。容艳/初春花，人见谁不爱。（晋·清商曲辞《欢好曲》）

②柳絮/飘晴雪，荷珠/漾水银。（梁·萧绎《登江州百花亭怀荆楚诗》）

③拂黛/双蛾飞，调脂/艳桃发。（北魏·周南《晚妆诗》）

例①至例③中本体、喻体间以"/"号分隔处皆省喻词。例①"容艳初春花"即是"容艳如初春花"；例②喻体为动宾词组，意为："柳絮如飘晴雪，荷珠如漾水银。"他例仿此。

二　比喻与文体

汉魏时期是文体很丰富的时代，有政论、史传、小说、诗、赋、骈文等。粗分之为二：散文类、诗赋类。

（一）艺术性散文中比喻用于描写

在散文类文体中，比喻从功能上用于说理、论证较之先秦明显萎缩，两汉以后中国的哲学、政治学说远远不及百家争鸣的先秦时代繁荣和丰富，因之其比喻的用量也很少，在用法上也毫无发展，故可置之不论。此时，比喻在散文中和小说中已用于人物性格的描绘，如《世说新语·赏誉》中的用例。

① 世目李元礼："谡谡如劲松下风。"

②公孙度目邴原："所谓云中白鹤，非燕雀之纲所能罗也。"

③有问秀才："吴旧姓何如?"答曰："……严仲弼，九皋之鸣鹤，空谷之白驹；顾彦先，八音之琴瑟，五色之龙章；张威伯，岁寒之茂松，幽夜之逸光；陆士衡、士龙，鸿鹄之裴回，悬鼓之待槌。"

④（裴令公）见山巨源，如登山临下，幽然深远。

⑤王公目太尉：岩岩清峙，壁立于千仞。

上述以比喻描绘人物性格在此前的时代未有过，值得注意。

散文中的比喻在语言形式上没有什么变化。

（二）诗赋类文体比喻出现喻词省略、喻词功能趋同现象

诗赋类文体的功能已于前文论述。比喻的语言形式在诗赋类文体中有很明显的变化。

1. 在诗歌类作品中，出现了省略喻词的比喻

诗歌的语言普遍存在着压缩、省略。这是因为诗歌的句子长度有限，汉魏晋间的诗以五言为最常见，在有限的句子内要安排本体、喻体、喻词都完整的比喻是十分困难的。因之，省略喻词直接将本体与喻体并置，比喻关系通过意合式表达就是必然的结果。如：

①逶迤总角年，花艳/星间月。（晋·清商曲辞《欢好曲》）

②沟塍/刻镂，原隰/龙鳞。（汉·班固《西都赋》）

2. 不同类别、不同功能的喻词在对偶语境中用法上趋同

比喻出现于诗歌类作品的对偶句式时，由于受对偶中避复的影响，不同功能、不同类别的喻词在用法上趋同，这一结果将影响喻词性质的变化。如前举例“如”“若”“似”在对偶中的通用。特别是下列用法值得注意：

①寄松为女萝，依水如浮萍。（魏·曹植《杂诗》）

②我若西流水，子为东峙岳。（晋·陆机《赠弟士龙诗》）

③花树杂为锦，月池皎如练。（齐·谢朓《别王丞僧孺诗》）

④庭雪乱如花，井冰粲成玉。（齐·谢朓《咏竹火笼》）

“为”“成”一般认为是隐喻所使用的喻词，而“如”“若”则用于明喻。但在例①至例④句中，“如”“若”与“为”“成”在功能与用法上是看不出什么差别的。

第二节　汉魏晋南北朝的比拟：比拟的过渡时期

汉魏晋南北朝在比拟的使用量上，上不及先秦，下不及唐宋，但这一时期是重大的历史过渡时期。其一，它出现了拟物。其二，拟人产生

了从先秦到唐宋的过渡形式。

一　散文中的传统拟人形式：超句动、植物拟人

这一时期的拟人，情节化的超句动、植物拟人继承先秦，无变化。

①枭逢鸠。鸠曰："子将安之？"枭曰："我将东徙。"鸠曰："何故？"枭曰："乡人皆恶我鸣，以故东徙。"鸠曰："子能更鸣，可矣，不能更鸣，东徙犹恶子之声"。（汉·刘向《说苑·谈丛》）

全文以猫头鹰（枭）与斑鸠的对话说明，人如果缺乏自知之明，不正视自己的缺点而一味责怪客观环境与周围的人，是不能解决任何问题的。以鸟类拟人。

②螟蛉之子殪而逢蜾蠃，祝之曰："类我！类我！"久则肖之矣。（汉·扬雄《法言·学行》）

螟蛉为一种小虫，蜾蠃俗称土罐蜂。螟蛉丧子用咒语使蜾蠃变成了自己的儿子，此说明社会环境对人有极大的影响。

③东海有鳌焉，冠蓬莱而浮于沧海。腾跃而上则干云，没而下潜于重泉。有红蚁者闻而悦之，与群蚁相要乎海畔，欲观鳌焉。月余日，鳌潜未出。群蚁将反，遇长风激浪，崇涛万仞，海水沸，地雷震。群蚁曰："此将鳌之作也。"数日，风止雷默，海中隐如岳，其高概天，或游而西。群蚁曰："彼之冠山，何异我之戴粒……"（晋·苻朗《苻子》）

例③巨鳌头可以山为冠，在红蚁看来与自己头顶米粒无异。此例有完整的情节，红蚁有语言，有人的行动，完全人格化。

二　诗歌中多种比拟新形式

汉魏晋南北朝诗歌中，比拟有划时代的变化：一方面拟物在文献中

正式出现了；另一方面拟人产生了新形式，有些拟人方式具有过渡的性质，引起唐宋时代成熟拟人方式的出现。

逯钦立所辑《先秦汉魏晋南北朝诗》[1] 发现拟人 17 例。

(一) 继承《诗经》的呼告拟人

①战城南，死郭北，野死不葬乌可食。为我谓乌：且为客豪。野死谅不葬，腐肉安能去子逃。(汉·鼓吹曲辞《战城南》)

②翩翩床前帐，张以蔽光辉。昔将尔同去，今将尔同归。(魏·曹丕《代刘勋妻王氏杂诗》)

以上两例，例①向乌鸦讲话说："战死者尸体的腐肉逃不脱你的口"；例②向床上的蚊帐讲话，都是呼物为人。(我们于汉魏诗歌中仅发现此二例)

这种用法是对《诗经》的直接继承。

(二) 受楚文化影响而新产生"无生命物物言拟人"

1. 无生命物物言拟人的出现

这时产生了一种不依赖故事情节，植物类能作人言的"无生命物物言拟人"，是一种全新的拟人。

在先秦的《诗经》中有过动物的物言拟人，而在南北朝时期出现了为数不少的植物物言拟人。在检讨比拟的历史变化时，我们特别关注比拟的对象。因为这不仅仅是拟人对象的改变，它关系到比拟形成的内在机制。在历史上之所以最早形成的是动物拟人，是因动物与人有相似性，《诗经》中动物有语言，是因动物能发出鸣叫，这与人讲话相似。动物又有亲子之情，有一定的社会性，有喜怒哀乐的情绪，正因如此，动物在佛教中与人一样，都被称为"有情众生"——都有情志活动。

新出现的植物类无情物的物言拟人，不依赖于故事，同时，无情之物能作人言，这显然受楚文化影响，因《庄子》中就出现过植物拟人故事。新出现的植物物言拟人只是弱化了故事。如：

① 逯钦立辑校：《先秦汉魏晋南北朝诗》，中华书局 1983 年版。

①桔柚垂华实，乃在深山侧。闻君好我甘，窃独自雕饰。委身玉盘中。历年冀见食。芳菲不相投。青黄忽改色。人傥欲我知。因君为羽翼。(《古诗三首之一》)

②煮豆持作羹，漉豉以为汁。萁在釜下燃，豆在釜中泣："本自同根生，相煎何太急。"（魏·曹植《七步诗》）

③桃叶映红花，无风自婀娜。春花映何限，感郎独采我。（晋·王献之《桃叶歌》）

④我无腾化术，必尔不复疑。愿君取君言，得酒莫苟辞。（晋·陶渊明《形赠影》）

⑤与子相遇来，未尝异悲悦。憩荫若暂乖，止日终不别。（晋·陶渊明《影问形》）

⑥堂中绮罗人，席上歌舞儿，待我光泛滟，为君照参差。（梁·萧衍《咏烛诗》）

上述六例都是客观事物自陈人言，以表达人物的感情的物言拟人：例①自"闻君好我甘"之后以桔柚自言表达欲求人赏识；例②以豆的自诉求兄长不要加害；例③桃花自言，感谢郎君在无数花中选择了自己；例④、例⑤是"形"（人的身体）与"影"的问答；例⑥烛自言能以自己的光芒照耀美人歌舞。

2. 无生命物物言拟人与楚文化的密切关系

上述所发现的例子都是动物之外的客观物能人言。据此，这一时期的物言拟人更多的是受先秦楚文化的影响。因为如前文所述，先秦的故事拟人南北有异，在能准确确定其年代的先秦作品中，北方作品只有动物的故事拟人。《战国策》中有两例无生命物拟人，但《战国策》为汉人所辑。只有南方的楚人作品才有植物或其他物类的拟人。在楚文化的作品中，无生命之物都能作人言。

①大冶铸金，金踊跃曰："我且必为镆铘 。"（《庄子·大宗师》）

②罔两问景曰："曩子行，今子止；曩子坐，今子起。何其无特操与?"景曰："吾有待而然者焉?"（《庄子·齐物论》）

这里，冶炼中的金属、阳光下的阴影都能讲话。

为什么发生在汉魏晋南北朝的修辞现象受楚文化的影响？因汉代君臣多出吴楚之地，他们受楚文化影响较深，可以说对楚文化有偏爱，无论从汉代的哲学还是文学都可以看出。

在哲学上汉初至武帝前一直是黄老之学盛行，文景二帝更是以黄老之术治国，即便是武帝时代，太后好黄老，士大夫也多好黄老之学。武帝时代淮南王所著《淮南子》是一部道家著作，系阐述老庄学说的巨著。汉亡后，魏晋时期玄学又起，《老子》《庄子》学说又绝对超出儒学的影响，成为一个时代的学术风尚。可见，汉魏时代楚文化背景下的哲学几乎一直都是有巨大影响力的。

在文学上代表汉代文学特征的汉赋更直接在楚辞的影响下形成。

汉班固《两都赋序》有言："大儒孙卿（荀子）楚臣屈原，离谗忧国，皆作赋以风。"而在《汉书·艺文志》中又将屈子、荀子列为辞赋之祖。屈原本是楚人，荀子则著书，终老于楚。屈原之后的宋玉、唐勒又是楚人，《史记·屈贾列传》有云："楚有宋玉、唐勒、景差之徒者，皆好辞而以赋见称。"汉人将楚辞汉赋统视为赋，则汉赋之根在楚辞，刘勰《文心雕龙·诠赋》对汉魏辞赋源于楚辞有明确的结论："讨其源流，信兴楚而盛汉矣。"又说汉赋"拓宇于楚辞"。就连汉高祖所赋《大风歌》也似楚辞而不似北方的《诗经》。

既然汉魏都普遍偏好楚的哲学与文学，那么，修辞现象受楚文化的影响也就可以理解了。

3. 大量无生命物物言拟人的出现具有重大的过渡价值

其一，在内容上它脱离了外部特征相似的约束，为后世无生命物拟人打下了良好的基础。先秦北方地区的拟人限于动物拟人，而《诗经》的一例物言诗也限于动物拟人，动物拟人是因为动物与人有一些较明显的、直观的相似性，这是拟人的条件。如动物有鸣叫，可以联想成人讲话，所以先秦北方地区的动物拟人中动物都能讲话是受相似性这一条件控制的。这里出现大量的无生命物的物言拟人，为后世扩大拟人的范围创造了条件。

其二，语言形式自由。这种物言拟人不同于故事拟人的是，它不需要完整的情节，在语言单位上也不需要完整的语段语篇，形式自由，以上这两条就为以句子为单位的、各类事物均可为本体的拟人方式的出现创造了条件。所以说，这种拟人是新、旧质交融的过渡形式。说它新，其一是不受完整故事的约束，不受语言长度约束。其二是不受本体事物与人的相似性的约束，一切无生命的、与人无任何相似的事物都可以拟人化。说它旧，是说它分明又似上古故事性拟人一样，被拟之本体物都能作人言。这里我们既要看到它与传统拟人的联系，又要看到它的区别，看到它所包含的新因素，正是这些新因素促成了拟人的新变化。

（三）传统拟人最典型的形式——动作性拟人萌芽

在形式上以句子为单位，在手法上通过动词赋予对象以人的动作、行为。我们称之为“动作性拟人”。这是拟人的全新形式，它有如下三个特点：

（1）以句子为单位。

（2）将各种事物——动物、植物及一切无生命之物拟人化。它彻底脱离了以情节性拟人的物言形式，万物都可以表现出人的性状。

（3）将只能用于人的动词用于物，即在语义上通过动词表达拟人意义。

这也是中国历史上传统拟人最典型的形式、是目前修辞学书籍举例中的最常见样式，如《修辞学发凡》所举例证，都是此类拟人。因为这种形式尚处在萌芽阶段，所以用例不多，我们目前从《先秦汉魏晋南北朝诗》中仅发现9例。

①严霜切我饥，忧心常惨戚。晨风为我悲，瑶光游何速。（汉·李陵《别诗》）

②挥杯劝孤影，日月掷人去。（晋·陶渊明《杂诗》）

③南风知我意，吹梦到西洲。（晋·杂曲歌辞《西洲曲》）

④双剑爱匣同，孤鸾悲影异。（梁·沈约《豫章行》）

⑤春光太无意，窥窗来见参。（梁·吴孜《春闺怨》）

⑥落花徒入户，何解妾床空。（梁·萧子范《春望古意诗》）

⑦赵女修丽姿，燕姬正容饰。妆成桃毁红，黛起草惭色。（梁·施荣泰《杂诗》）

⑧星窥朱鸟牖，云宿凤凰门。（北周·庾信《奉和法筵应

诏诗》)

⑨洛阳发中梁，松柏窃自悲。斧锔截是松，松柏东西催。(晋·刘琨《扶风歌》)

在例①至例⑨中，所有无情志、无生命的自然物，都有了人的特性，而且都以句子为单位，这是传统拟人最典型的形式。例①晨风有情，可为我远离家国而悲；例②将自己的影子当朋友，对之劝酒；例③无心智的南风能“知我意”；例④剑有心而“爱匣同”，孤独的凤凰则为孤独而悲哀；例⑤春光本是无意的，此处责春光，太不留意人情，竟在自己痛苦时来窥窗探视；例⑥责无知觉的落花“徒入户”而不能理解自己的孤独；例⑦写美女妆成后，连桃花也觉惭愧而毁掉了自己美丽的红色，绿草也惭愧自己的绿色不及美女的眉色美丽；例⑧天上之星本无心，此处却能有意“窥”门；例⑨树木本是无情之物，可是此处“松柏”却有自悲的行为。

值得注意的是，这些用例中动物拟人的极少，仅有例④一处，说明拟人开始摆脱相似性的影响（如前所论，动物能被拟人是因动物与人之间有相似点）。我们认为这类拟人是无生命物物言拟人的共生物，两类拟人都脱离了相似性的约束，在语言形式上也都较为自由。这类动作性拟人数量虽少，但它后来成为我国古代诗歌的拟人形式。它能以句子为单位将所有事物根据诗作表情需要随机地拟人化，从而大大丰富了诗歌的表现力，是诗歌最重要的形象化手段之一。这类拟人到唐诗中才真正成熟，我们将在唐代部分予以详细分析。

（四）虚物拟物萌芽

拟物在这一时期很少，有些理论书籍中所列这一时期的拟物例，实多为比喻，我们认为，以下两例是无歧义的拟物。

①南风知我意，吹梦到西洲。(晋·杂曲歌辞《西洲曲》)

②春草醉春烟，深闺人独眠，积恨颜将老。相思心欲燃，几回明月夜，飞梦到郎边。(梁·范云《闺思诗》)

例①梦本无形，而“吹梦到西洲”则将“梦”拟成有形之物；例

②则将梦拟成了可以“飞”的动物。

在情理上，拟物肯定比拟人少得多，历史上一直如此，因为从思维习惯上说，人在感知认识事物时，是以人为中心、以人为尺度、以人为出发点的，因之，人们很自然地可以站在人的立场去观物，视万物如人；人是很难站在独立于人的客观外物的角度去看待事物的，因此拟物的可能性也就小于拟人。另外，从修辞效果论，拟物的重要功能是抒情，拟人化将人的喜怒哀乐投射于物，能更好地抒发情感。

第三节　汉魏晋南北朝讽喻

讲到魏晋的讽喻，当介绍其社会背景。

第一，随着儒学衰退、学术方法改变，自创讽喻减少。

魏晋南北朝（公元220—581年）是一个充满苦难和社会动荡的漫长时期，从汉末到隋统一长达数百年的漫长时期，军阀混战加上外族南下中原，战争、瘟疫、饥荒加上统治者的野蛮屠杀，使得人民无比贫困和苦难。

动荡造成了人民的痛苦，也造成了统一的中央集权制的解体，随之造成了儒学失去了独尊地位，失去了维系人心的功能。随着儒学的崩溃，反叛礼教、崇尚自然的老庄学说迅速风靡，最终导致变成以旷达放荡为特征的玄学大盛，这种氛围也为西域的佛教传入准备了土壤。佛教给苦难的心灵以慰藉。佛教的传入又为这一时期的哲学、文学的新发展创造了良好的条件。

儒学本是一种经世致用的实用哲学，而道家、玄学以及佛教的禅学都是崇尚虚玄的学术流派，这使得魏晋思潮具有一种超功利的特质，正是这种特质导致了魏晋文人摆脱了有形世界的束缚，思维也进入了思辨的、抽象的境界。如王弼的玄学论著、僧肇的著作《肇论》，都极具纯粹形而上学的品质。

梁启超先生站在儒学正统的立场，认为这是中国学术最衰退的时代。他说：“三国六朝，为道家言猖披时代，实中国数千年学术思想最衰落之时代也。”[1] 梁氏所说的学术衰落主要指儒学衰落，梁氏探讨了魏晋南北朝儒学衰落的五个原因，大意是：其一，是对烦琐的汉代考据、训诂之反叛；其二，是曹魏政权提倡刑名之学；其三，杀戮过甚人心惶惑无依；其四，天下大乱，无安宁的学术环境；其五，两汉帝王崇奉儒家者多迷信好阴阳之术，破坏了儒学的威信。由于传统学术的衰落导致其时述作甚少，根本没有产生有影响的大家和巨著，与先秦两汉的百家之盛形成鲜明对照，无著作本来就会导致讽喻减少。

儒学衰退并不等于一个时代学术衰退。魏晋时期，实为中国学术一个辉煌时代，道家学说至此发展为魏晋玄学，只不过其时学术方法产生了巨大变化。传统的形象表达方法变成了纯理论的方法。魏晋时期产生了真正思辨的、理性的纯哲学。以王弼为代表，魏晋玄学家的论著全以抽象的逻辑思辨构筑理论体系。同时，佛教学术也从印度传入彻底抽象的思辨形式，如龙树的《中论》《百论》《十二门论》三论都是极其抽象的著作。受其影响，本土的佛学家的论著如僧肇法师的《肇论》，也是彻底地排斥比喻和讽喻，形成纯抽象的理论体系。

好使用比喻、讽喻之类形象化手段的传统学术衰落了，新型的魏晋玄学、佛学理论又彻底地排斥形象化表达，绝不使用比喻和讽喻。这样自然导致自创的讽喻急剧减少。

第二，佛教的传播使翻译讽喻增多。

博大精深的佛教教义要得以流传，必须适应更广大的文化水平低的普通民众的接受能力，将精深的佛教教义通俗化，使之得到有效的传播。在这种背景下，大量的印度佛经中的讽喻小故事传入中国，这在讽喻的演变史上具有极为重要的意义。从此，讽喻由附着于篇章的语段形式变成独立的语篇形式，并且南北朝之后的讽喻也一直沿用这种独立的形式。

魏晋南北朝佛教在东土的大量传播是中国文化史上最伟大的事件。佛教产生于印度，古印度是世界上讽喻手段最发达的国度，是哲学寓言最发达的民族。如：在古印度笈多王朝（公元3—6世纪）为教育王子，由湿奴舍哩奉命编写哲理故事集《五卷书》，以故事形式启迪智

---

[1] 梁启超：《清代学术概论》，中国人民大学出版社2004年版，第67页。

慧、学习治国方法。此书一成，不胫而走，传入中国。同《五卷书》同类的讽喻故事还有《故事经》《大故事花束》等，佛经中讽喻故事本来很多。佛教学说有两种形态，纯粹的学理探讨非常抽象，但佛教在民间传播又借助通俗、形象的讽喻故事形式。在此期间传入中国的就有《百喻经》（收百则故事，今本都为九十八则）、《杂譬喻经》《贤愚经》《十诵律》《僧祇律》等，其中都有大量的讽喻。

在所有的佛经讽喻中，影响最大的当是《百喻经》，此经的讽喻全是独立的，以篇章形式存在。魏晋南北朝期间讽喻最大的变化就是这种形式的变化。虽然讽喻的数量和质量远不及先秦诸子的著述，但魏晋南北朝讽喻是历史的转折期，《百喻经》中独立成篇的形式从此影响了南北朝以后的所有历史时代。

一　讽喻的类别

（一）按喻体性质划分

1. 世情故事类讽喻

①阿豺有子二十人……谓曰："汝等各奉事一只箭，折之地下。"俄而命母弟慕利延曰："汝取一只箭折之。"慕利延折之。又曰："汝取十九只箭折之。"延不能折。阿豺曰："汝曹知否？单者易折，众则难摧。戮力一心，然后社稷可固。"言终而死。（《诗·魏书·吐谷浑传》）

②昔有愚人，至于他家。主人与食，嫌淡无味。主人闻已，更为益盐。既得盐美，便自念言："所以美者，缘有盐故。况复多也？"愚人无智，便空食盐。食已口臭，返为其患。（《百喻经·愚人食盐喻》）

③昔有人乘船渡海，失一银釪（釪即钵盂），堕于水中。即便思念："我今画水作记，舍之而去，后当取之。"行经一月，到狮子诸国，见一河水，便入其中，觅本失釪……（《百喻经·乘船失釪喻》）

例①一支箭易折断，一束箭折不断，以此喻兄弟和睦的重要；例②

食物添盐则味美，愚蠢的人以为美味全在盐中，以致吃盐而患病，此喻凡事要合度，过了头就走向反面；例③与我国刻舟求剑的讽喻立意全同。此喻人处世当能变通。

④有人因其饥故，食七枚煎饼。食六枚半已，便得饱满。其人恚悔，以手自打，而作是言："我今饱足，由此半饼。然前六饼唐（唐：徒然、白白地）自捐弃。设知半饼能充足者，应先食之。"（《百喻经·欲食半饼喻》）

⑤往昔之世，有富愚人，痴无所知。到余富家，见三重楼，高广严丽，轩敞疏朗，心生渴仰。即作是念："我有财钱，不减于彼，云何顷来不造作如是之楼？"即唤木匠而问言曰："解作彼家端正舍不？"木匠答言："是我所作。"即便言："今可为我造楼如彼。"是时，木匠经地垒墼作楼。愚人见其垒墼作舍，犹怀疑惑，不能了知，而问之言："欲作何等？"木匠答言："作三重屋。"愚人复言："我不欲下二层之屋，先可为我作最上屋。"木匠答言："无有是事。何有不作最下重屋而造被第二之屋？不造第二，云何得造第三重屋？"愚人固言："我今不用下二重屋，必可为我作最上者。"时人闻之，便生怪笑。（《百喻经·三重楼喻》）

⑥昔时有人，于众人中，叹已父德，而作是言："我父慈仁，不害不盗，直作实语，兼行布施。"时有愚人，闻其此语，便作是念言："我父德行，复过汝父。"诸人问言："有何德行，请道其事。"愚人答曰："我父小来断绝淫欲，初无染污。"众人语言："若断淫欲，云何生汝？"深为时人之所怪笑。（《百喻经·叹父德行喻》）

例④愚蠢的人吃最后半张饼饱了，以为先吃的六张饼为多余，此喻凡结果必有原因，舍果而求因是愚蠢的做法；例⑤愚人不打基础而要空中楼阁，也是舍果而求因；例⑥佛家戒妄语，愚人讲大话违背常识。

以上六例全为杜撰的小故事，以此来宣传佛教教义。

2. 拟人故事类讽喻

①过去世时，有城名波罗奈，国名伽尸。于空间处有五百猕猴，

游于林中，到一尼俱律树下。树下有井，井中有月影现。时猕猴主见是月影，语诸伴言："月今日死，落在井中，当共出之，莫令世间长夜暗冥。"共作议言："云何能出？"时猕猴主言："我知出法：我捉树枝，汝捉我尾，展转相连，乃可出之。"时诸猕猴，即如主语，展转相捉，树弱枝折，一切猕猴堕入井水中。（《僧祇律》）

②昔有雄雌二鸽共同一巢。秋果熟时，取果满巢。于其后时，果干减少，唯半巢在。雄嗔雌言："取果勤苦，汝独食之，唯有半在。"雌鸽答言："我不独食，果自减少。"雄鸽不信，嗔恚而言："非汝独食，何由减少？"即便以啄雌鸽杀。未经几日，天降大雨，果得湿润，还复如故，雄鸽见已，方生悔恨：彼实不食，我妄杀他。即悲鸣命唤雌鸽："汝何处去！"（《百喻经·二鸽喻》）

③譬如有蛇，尾语头言："我应在前。"头语尾言："我恒在前，何以卒尔？"头果在前，其尾缠树不能得去。放尾在前，即堕火坑，烧烂而死。（《百喻经·蛇头尾共争在前喻》）

以上几例都是以动物拟人化的故事作喻体来说明道理：例①以猴群水中捞月的故事宣传佛教的万物虚幻不实的思想，佛家空宗言诸相非相，五蕴皆空，此讽喻实言世中万物如同水中之月，并不真实；例②以雄鸽误杀雌鸽的故事，宣讲佛教戒嗔怒，此喻为嗔恕者鉴；例③蛇头尾相争，堕火坑而死，此说明争名争利之害。

（二）按讽喻的结构划分

1. 明喻式讽喻

①独不见夫虱之处于裈裆之中乎？逃乎深缝，匿乎坏絮，自以为吉宅也；行不敢离缝际，动不敢出裈裆，自以为得绳墨也；饥则啮人，自以为无穷食也。然炎丘火流，焦邑来都，群虱处于裈中而不能也。（喻体）/（本体）汝君子之处于区内，亦何异乎虱之处裈中乎？（魏·阮籍《大人先生传》）

②昔玉池国有民，婿面大丑，妇国色，鼻齆。婿求媚此妇，终不回家；遂买西域无价名香而薰之，还入其室。妇齆既矣，岂分臭哉？（喻体）/（本体）世有不适物而变通求进，尽皆此类也。

(梁·萧绎《金楼子·杂记》)

③昔有长者子新迎妇，甚相爱敬。夫语妇言：“卿入厨中，取薄桃酒来共饮之。”妇往开瓮，自见身影在此瓮中，谓更有女人，大恚。还语夫言：“汝自有妇，藏着瓮中，复迎我为?”夫自得入厨视之，开瓮见己身影，逆恚其妇，谓藏男子。二人更相忿恚……须臾，有道人亦往视之，知为是影耳。（喻体）/（本体）喟然叹曰：“世人愚惑，以空为实也。”(《杂譬喻经》)

例①虱藏裤裆中，以为无穷之乐，至大火烧来，无所逃避，喻当时社会的达官显贵处境与虱无异；例②妻鼻塞而以熏香讨好妻子，犹如世上之人不知变通而求进身、求名利；例③夫妇二人都以为水中自己的影子是真人，典型的以妄为真、以空为实。

2. 借喻式讽喻

借喻式讽喻极少，一般佛经讽喻都要点明喻义，偶见一二。

①我昔曾闻：有一长者妇，为姑所瞋，走入林中，自欲刑戮，即不能得，寻时上树，以自隐身。树下有池，影现水中。时有婢使，担瓨取水。见水中影，谓为是己有，作如是言：“我今面貌，端正如此，何故为他，持取水!”即打瓨破，还至家中，语大家言：“我今面貌端正如是，何故使我担取水?”于时大家作如是言：“此婢或为鬼魅所著，故作是事。”更与一瓨，诣池取水。犹见其影，复打瓨破。时长者妇在于树上，见斯事已，即便微笑，婢见笑影，即自觉悟。仰而视之，见有妇女，在树上微笑，端正女人，衣服非己，方生惭耻。(《大庄严论经》)

②有王告一大臣，汝牵一象来示盲者……时彼众盲各以手触。大王即唤众盲各各问言：“汝见象否?”众盲各言我已见。王言：“象类何物?”触其牙者即言象形如萝根；触其耳者言象如箕；触其头者言象如石；触其鼻者言象如杵；触其脚者言象如臼；触其脊者言象如床；触其腹者言象如瓮；触其尾者言象如绳。(《涅槃经》)

例①中的婢女以水中人影为自己真身，是典型的以妄为真。以此说明人们对世界的看法并不真实，人们所见的现象都是幻象；例②“盲人摸象”的故事说明不看清事物的全貌就容易陷入认识上的片面。

以上两例讽喻所表达的意义，包含于佛经的整体语境中，但在具体的上下文中并没有出现揭示喻义的本体，是典型的借喻式讽喻。

二　讽喻的文体分布

（一）以《百喻经》为代表的篇章独立的佛经讽喻

这时期的讽喻作品主要存在于佛经之中，魏晋玄学及佛论等学术文本都采用抽象形态，如王弼、僧肇诸人之论著。而佛经要扩大影响，唯有通俗、形象、有趣，才能在民众中广为流布。如前文举例都出于佛经。《百喻经》《大庄严论经》《涅槃经》《杂譬喻经》，诸经之中尤其是《百喻经》（例已见前，此略）流传最广。

值得我们注意的是，佛经的讽喻全为独立的篇章，这与附着于一定的上下文的先秦讽喻是完全不同的，这种变化是划时代的，它开启了唐宋以后讽喻独立成篇的先河。

（二）依附于理论著作的讽喻

除佛经之外，诸子类作品《苻子》《刘子》《金楼子》中有一定数量的讽喻，南朝和尚僧祐辑《弘明集》中有《理惑论》一篇，有三十余则讽喻。如：

①齐景公好马，命画工图而访之，殚百乘之价，期年而不得。像过实也。今使爱贤之君考古籍以求其人，虽期百年，不可得也。（《苻子》）

例①喻用人才当不拘一格，如以教条、本本按图索骥必不能得良才。

②公输之刻凤也，冠距未成，翠羽未树。人见其身者。谓之龙鸱，见其首者，名曰鸰鶋；皆訾其丑而笑其拙，及凤之成，翠冠云耸，朱距电摇，锦身霞散，绮翮焱发；翙然一翥，翻翔云栋，三日不集。然后，赞其奇而称其巧。（《刘子·知人》）

例②喻对人才要以发展的眼光、全面的眼光看待，如果仅看到某阶段某局部情形就品头论足，就是一种无知和轻浮的表现。

③公明仪为牛弹清角之操，伏食如故，非牛不闻，不合其耳矣。转为蚊虻之声，孤犊之鸣，即掉尾奋耳，蹀躞而听。（南朝·僧祐《弘明集·理惑论》）

例③喻讲话要看对象，要根据对象的理解能力有的放矢方能奏效。

魏晋南北朝的理论著作中的讽喻总的来说是极少的，其数量、质量、价值、影响都远远不及同时期的佛经。

第三章　唐宋喻类辞格

唐宋时期是传统喻类辞格产生重大变化的时期，此时传统比喻成熟定型，而比拟变得空前丰富，极大地提高了诗歌类文学抒情描写的表达效果。讽喻则文学化，即成为一种艺术散文表达的讽喻。观察这段喻类辞格的对象，比拟主要选择诗歌体裁的作品；比喻选诗歌兼及散文类，如陈伯海主编《唐诗汇评》、唐圭璋选编《全宋词简编》；讽喻则以柳宗元、苏东坡为主，他们是热衷讽喻作品写作的文学家，充分体现了讽喻文学化的特色，托名苏东坡的《艾子杂说》也是其间重要的讽喻名作。

第一节　唐宋比喻：传统比喻成熟定型期

唐宋时代比喻在散文中没有什么发展，比喻用于说理的大大少于先秦两汉，原因是先秦两汉比喻被大量用于说理，而汉以后学术远不及先秦百家争鸣时，理论作品本来就较先秦乃至两汉为少，且魏晋后理论著作在论证方式上明显受魏晋玄学和经典佛论的影响走上了抽象化之路。玄学在理论形态上的抽象于王弼时已达极限，而佛学译作龙树菩萨的《中论》《百论》《十二门论》全是以概念和逻辑构筑的抽象体系。受此风影响，中土高僧在论著上亦走向抽象化，如僧肇法师之《肇论》亦以概念和推理构成一严密而抽象的体系。毫无疑问，魏晋时代的理论风格对唐宋都是存有影响的，如：唐代柳宗元《封建论》是理论著作的长篇论文，全篇没有一处涉及比喻；宋代朱熹庞大的理学体系也是由概念和推理构成，很少运用比喻论证，这种情况在先秦是不可想象的。由于上述原因，唐宋两代比喻用于说理的数量不多。史传作品的表现方式基本与前四史无异，用比喻也很少。话本小说及笔记都依照史传，也只使用少量比喻。

唐宋期的比喻集中地出现于诗词中，而且在形式上也存在新发展，且唐诗与宋词又各存在鲜明的特点：唐诗中明喻极多，反之，宋词就少；宋词中定心式比喻极多而唐诗中就少；以篇章为单位的借喻在唐诗中很多，而在宋词中就十分罕见。这些特点反映出唐诗和宋词在使用比喻上的重大差别。我们将唐宋作为一个大的时代来考察，主要考虑到在散文体中两个时代的比喻是一致的。

中国古代传统的比喻至此已完全成熟、定型。元明清以后则开始孕育现代比喻的常见形式。

一　比喻的形式

（一）明喻详式不同喻词功能同化

唐宋时代明喻详式多用喻词“如”“似”，其次用“若”，这些词在产生之初是有功能差别的，在历史发展中，至魏晋时代在诗歌中的功能开始趋同，但唐宋时代这几个词功能完全同化，看不出有何差别。如：

①深巷寒犬，吠声如豹。（唐·王维《山中与裴秀才通书》）

②尖山万重，平地卓立，黑是铁色，锐如笔锋。（唐·任华《送宗判官归滑台序》）

③其石之突怒偃蹇、负土而出、争为奇状者，殆不可数。其嶔然相累而下者，若牛马之饮于溪；其冲然角列而上者，若熊罴登于山。（唐·柳宗元《钴鉧潭西小丘记》）

例③以牛马饮于溪、熊罴登于山，喻石头的各种形态。

④眼似星初转，眉如月欲消。（唐·张鷟《游仙窟》）

⑤如仙葩之并蒂，若双鱼之同泉。（宋·秦醇《谭意哥》）

⑥但见女子立于帘下，眉如柳叶，脸如桃花。（宋·罗烨《醉翁谈录·苏小卿》）

以例①至例⑥都见于散文小说，都用以描写事物的外部形貌特征，功能是完全一致的，但有时用“如”，有时用“若”，有时二者又共现于上下文中，看不出功能差别。

明喻详式在唐诗中较多，浙江教育出版社《唐诗汇评》[1] 选唐诗5000首，出现明喻详式127次，其中有十多处是多项式的博喻，单体比喻180个。宋词中明喻详式较少，《宋十大名家词》[2] 集词2010首，仅出现33例。在这7000余首诗词作品范围中，“如”“若”“似”三喻词都用于描写，看不出功能差别，且在对偶中作为避复手段相伴出现。

⑦君不见高堂明镜悲白发，朝如青丝暮成雪。（唐·李白《将进酒》）

⑧弯弓若转月，白雁落云端。（唐·李白《出州胡马客歌》）

⑨布衾多年冷似铁，骄儿恶卧踏里裂。床头屋漏无干处，雨脚如麻未断绝。自经丧乱少睡眠，长夜沾湿何由彻？安得广厦千万间，大庇天下寒士俱欢颜，风雨不动安如山。（唐·杜甫《茅屋为秋风所破歌》）

⑩爱如寒炉火，弃若秋风扇。（唐·李益《杂曲》）

⑪回乐峰前沙似雪，受降城下月如霜。（唐·李益《夜上受降城闻笛》）

⑫一夕小敷山下梦，水如环珮月如襟。（唐·杜牧《沈下贤》）

⑬身材儿、早是妖娆，算举措、实难描。一个肌肤浑似玉，更都来、占了千娇。（宋·柳永《合欢带》）

⑭空腹有诗衣有结，湿薪如桂米如珠。（宋·苏轼《浣溪沙·渔父》）

另外，还有明喻略式。明喻略式主要用于唐诗中，散文中偶见。

⑮求木之长者，必固其根本；欲流之远者，必浚其泉源；/思国之安者，必积其德义。（唐·魏征《谏太宗十思疏》）

① 陈伯海主编：《唐诗汇评》，浙江教育出版社1995年版。

② 《宋十大名家词》，岳麓书社1990年版。

⑯兔丝附蓬麻，引蔓故不长。/嫁女与征夫，不如弃路旁。（唐·杜甫《新婚别》）

例⑯菟丝为藤本植物，蓬麻株短小，寄生在蓬麻上的菟丝自然藤蔓也不可能长得长，以此喻不宜嫁女给征夫。

⑰破瓶落井空永沉，/故乡望断无归心。（唐·刘商《胡笳十八拍·第十二拍》）

⑱高马勿唾面，长鱼无损鳞。辱马马毛焦，困鱼鱼有神。/君看磊落士，不肯易其身。（唐·杜甫《三韵三篇》）

⑲君诗多态度，/蔼蔼春空云。东野动惊俗，/天葩吐奇芬芳。张籍学古淡，/轩鹤避鸡群。（唐·韩愈《醉赠张秘书》

例⑮至⑲皆是本体与喻体并列，前四例为喻体在前，这一直是最常见的形式，后一例为本体在前。宋词用比喻较少，未见明喻略式出现，可能与宋词以叙事为主体有关。

（二）隐喻无变化

隐喻在唐代的散文和诗歌中都不多见，形式上也没有什么变化，略举几例：

①人君当神器之重，居域中之大，不念居安思危，戒奢以俭，斯亦伐根以求木茂，塞源而欲流长也。（唐·魏征《谏太宗十思疏》）

②虺蜴为心，豺狼成性。（唐·骆宾王《代李敬业传檄天下文》）

③气，水也；言，浮物也；水大，而物之浮者大小毕浮。气之与言犹是也，气盛则言之短长与声之高下者皆宜。（唐·韩愈《答李翊书》）

④昔日/芙蓉花，今成/断根草。以色事他人，能得几时好。（唐·李白《妾薄命》）

⑤举头为城，掉尾为旗。（唐·李贺《猛虎行》）

⑥一日不作诗，心源如废井。笔砚为辘轳，吟咏作縻绠。朝来

重汲引，依旧得清冷。（唐·贾岛《戏赠友人》）

例①至例③都是以判断形式表达比喻的内容，是对事物的性质作出形象的说明。而例④至例⑥“成”“为”都表达“当作”“变成”之类的意义。

（三）借喻：分布广泛、形式多样

唐宋时期借喻十分发达，诗文中皆有，特别是在诗词中借喻形式分别以词、句、篇为单位出现。

1. 以词、词组为单位例

①蕲州笛竹天下知，郑君所宝尤瑰奇。携来当昼不得卧，一府传看黄琉璃。（唐·韩愈《郑重群赠簟》）

②端州石工巧如神，踏天磨刀割紫云。（唐·李贺《杨生青花紫石砚歌》）

③若是有情争不哭，夜来风雨葬西施。（宋·韩偓《哭花》）

④天如水，玉钩遥挂。（宋·柳永《二郎神·七夕》）

⑤娇香淡染胭脂雪，愁春细雨弯弯月。（宋·晏几道《菩萨蛮》）

例①黄琉璃喻竹簟；例②紫云喻砚；例③西施喻落花；例④玉钩喻月牙；例⑤弯弯月喻眉。

2. 以句为单位例

①西子去时遗笑靥，谢娥行处落金钗。（唐·韦庄《叹落花》）

②重过阊门万事非，同来何事不同归？梧桐半死清霜后，头白鸳鸯失伴飞。（宋·贺铸《鹧鸪天·半死桐》）

例⑥以西子的笑靥、谢娥的金钗喻落花；例⑦后两句喻老年丧妻。

3. 以篇为单位例

树头树底觅残红，一片西飞一片东。自是桃花贪结子，错教人

恨五更风。（唐·王建《宫词一百首之九十》）

上例全诗文面写桃花凋零，实写嫔妃年老色衰而被冷落（唐诗中有不少以全诗为借喻的暂举一例，后文的文体部分有详论）。

4. 分布广泛

以上诸例都是诗词中的用例，唐宋散文体作品中也有以词、词组为单位的借喻，虽比诗词中少，但较之前代又显然增多。如：

①栏外双瀑，泻石涧中，跳珠溅玉，泠入人骨。（宋·陆游《入蜀二记》）

②浙江之潮，天下之伟观也。自既望以至十八日为最盛。方其远出海门，仅如银线，既而渐近，则玉城雪岭，际天而来。（宋·周密《观潮》）

借喻在以上散文中的用法当是受诗歌的影响所致。

（四）定中喻：结构灵活、运用自如

定中结构的比喻在唐宋之前使用较少，而在唐宋的诗词中（尤其是在宋词中）则成为一种极为常见、使用量极大的比喻方式：在《宋十大名家词》中我们共发现79例，这大概是由于诗词受形式约束，以有限的句子长度和篇幅，更需使用结构简单的比喻。

唐宋时期以喻体为中心词的定中结构的比喻大量出现，因之喻体在前与在后的两种格式都成熟起来。

1. 喻体为定语的传统形式

①云里隔窗火，松下闻山磬。客到两忘言，猿心与禅定。（唐·钱起《杪秋南山峰题准上人兰若》）

②向前敲瘦骨，犹自带铜声。（唐·李贺《马》）

③愿奶奶，兰心蕙性，枕前言下，表余深意。（宋·柳永《玉女摇仙佩》）

例①猿心即心如猿无片刻安宁；例②铜声即发声如铜；例③兰心蕙

性喻心性如兰花、蕙草般高洁。

④有个人，飞燕精神，急锵环佩上华裀。拍尽随红袖举，风柳腰身。（宋·柳永《夏云峰》）

⑤舞腰浮动绿云秾，樱唇半点红。（宋·晏几道《阮郎归》）

例④“风柳腰身”喻腰身柔美；例⑤樱唇喻唇如樱红。

2. 喻体为中心词的形式业已成熟

定中喻产生之初是以喻体作定语的，至南北朝偶见一二例喻体为中心词的用例，至唐宋此类用法多了起来，说明这已成为一种很成熟的用法，如：

①心铁已从干镆利，鬓丝休叹雪霜垂。（唐·李商隐《赠司勋杜十三员外》）

②月浪冲天天宇湿，凉蟾落尽疏星入。（唐·李商隐《秋》）

③鬓云欲度香腮雪。（唐·温庭筠《菩萨蛮》）

④娇多媚煞，体柳轻盈千万态，（宋·苏轼《减字木兰花》）

⑤嫩英翠幄，红杏交榴火。（宋·周邦彦《浣溪沙》）

例①至例⑤都是以本体作修饰语的新形式的定心喻。例①“心铁”言其心如铁；例②“月浪”言月光如浪；例③“鬓云”言美女鬓发如云；例④“体柳”言女子体态轻盈如柳；例⑤“榴火”言榴花如火。

3. 定中喻可作词的等价物参与组句

唐宋词中的定中喻有一个重大发展，即比喻本身可以作为词的等价物与句子中其他的词语配合组成新的意象。如例②因月如浪，故可“冲天天宇湿”；例③因“鬓”如“云”，故此“云”才“度香腮雪”。这些用法大大丰富了定中喻表现力，这是极为值得注意的变化，再看下列定中喻：

①正焰杏烧林，缃桃绣野，芳景如屏。（宋·柳永《木兰花慢》）

②惟有床前残泪烛，啼红相伴。（宋·柳永《安公子》）

例①“焰杏”如火故“烧林”；例②烛如泪，故“啼红”。在宋词中定中结构的比喻作为一个名词性成分，常常在句中作主语，常由谓语性成分对比喻的内容进行扩展。可以说，是宋词将定中结构的表现力大大提高。

（五）省略词的比喻增多

唐宋时期诗歌中比喻省略喻词空前增多。

①荣华/东流水，万事皆波澜。（唐·李白《古风·其三十九》）

②一编香丝/云撒地，玉钗落处无声腻。（唐·李贺《美人世间梳头歌》）

③湖光秋月两相和，潭面无风/镜未磨。（唐·刘禹锡《望洞庭》）

④千片赤英/霞烂烂，百枝绛点/灯煌煌。（唐·白居易《新乐府·牡丹芳》）

⑤风凋碧柳/愁眉淡，露染黄花/笑靥深。（宋·晏几道《鹧鸪天》）

⑥轻身/翻燕舞，低语/啭莺簧。（宋·苏轼《意难忘·妓馆》）

例①至例⑥本体与喻体间省掉了喻词，如例①“荣华东流水”即荣华如东流水；例②义为香丝（美丽乌黑的头发）如云撒地；例③义为潭面无风如同“镜未磨”。此类比喻可理解为相应之处省了“如”“似”类喻词。

（六）以普通动词作比喻词的比喻

唐宋诗词中有的比喻以普通动词连接主体和喻体，这种比喻与明喻、隐喻都有差别，姑另作一类，以供进一步探究。

①素柰花开西子面，绿榆枝散沈郎钱。（唐·王建《故梁国公主池亭》）

②裙拖六幅湘江水，鬓耸巫山一段云。（唐·李群玉《同郑相并歌姬小饮戏赠》）

③柳抬烟眼，花匀露脸。（宋·柳永《柳初新》）

④午睡醒来慵一饷，双纹翠簟铺寒浪。（宋·晏几道《蝶恋花》）

⑤蕲州簟展双纹浪，轻帐翠缕如空。（宋·周邦彦《塞翁吟·夏景》）

例①至例⑤动词前为本体，动词后为喻体，学术界对此类比喻无明确的分类，分明不是明喻，但若划作隐喻又似与典型的隐喻无论在功能上还是在意义上均有明显不同。且此类若划为隐喻则隐喻无固定喻词可言。但上述用例动词前后明显有比喻关系：例①“开”为对“素柰花”的陈述，写花之动态，但“西子面”又分明与素柰花有比喻关系，即二者在美丽上相似；例②“拖”是裙的动态，而“湘江水”又与裙有比喻关系，二者都有飘动的绿波，下句“鬓耸巫山一段云”，“耸”是对鬓发动态的描绘，同时高耸的鬓发又恰似巫山一段云。

（七）出现带比喻助词的比喻句

唐宋间一些白话色彩浓的文集中开始出现带比喻助词的比喻句，其助词有“相似”“一般”。

①有坚牢树神，状如豹雷相似。（《敦煌变文集·庐山远公话》）

②寒暑兀兀，如愚如聋相似。（《祖堂集》）

③沙细人间莫比，恰如粉面一般。（《敦煌变文集·妙法莲花经讲经文》）

例①至例③中“相似”“一般”与喻词相配合，实为一可有可无的比喻形式标志，但一旦省掉喻词，它们就变得非要不可，说明不能省略。

④尽黑漫漫地，墨汁相似。（《五灯会元》）

⑤这边那边飞走，野鹿相似，但求衣食。(《五灯会元》)

例④、例⑤本是明喻，因出现了比喻助词，而出现比喻助词的比喻在后代又有很多变化——有些在后代属明喻，故将此另作一类，以便观察。

二 比喻的文体分布

唐宋时期散文体中的比喻无多大变化，故略去，但比喻在唐诗宋词中有明显的语体分布差异：明喻详式于诗词中用法无异，隐喻于诗与词中都绝少出现。唐诗中借喻使用量大，形式多样；明喻略式在唐诗中也使用量大而在词中很少见，定心结构的比喻虽在诗词中都有，但在唐宋词中量更大，表现力更强。另外，诗与词都作为诗歌体大量存在着省略喻词的比喻。

（一）唐诗的比喻：以篇章为单位的借喻、明喻略式大量使用

其一，唐诗借喻十分丰富，特别是以篇章为单位的借喻大量出现是唐诗不同于前代诗作也与宋词有别的主要修辞特点，如下列几例：

①八月湖水平，涵虚混太清。气蒸云梦泽，波撼岳阳城。欲济无舟楫，端居耻圣明。坐观垂钓者，徒有羡鱼情。（唐·孟浩然《望洞庭湖赠张丞相》）

此诗的表现手法清代《唐诗从绳》讲得非常明晰：“此篇望人援手，不直露本意，但微以比兴出之，幽婉可法。”又如清人《瀛奎律髓记评》引纪昀语：“只以望洞庭托意，不露干乞之痕。”

又，唐代科场时有不公，考科往往有不凭诗文而凭门第、出身、关系录取的，对这种现象那些有才学的士子欲隐忍不言又做不到，欲直言又对自己更不利，因之产生了很多婉曲达意的落第诗，如以下两首：

②天上碧桃和露种，日边红杏倚云栽。芙蓉生在秋江上，不向东风怨未开。(唐·高蟾《下第后上永崇高侍郎》)

此诗被《诗法易简录》评为“唐人下第诗以此为最。”高蟾屡举不第，下第后赋诗高侍郎表明自己不怨主司，全诗用比喻构成，对本事不着一字。前二句喻得第者沐知遇之恩，后二句喻己下第系命运使然，不敢归怨主司。此诗既表达了自己高才落第的不幸，又不致刺伤主司和得第士人，引起时人普遍同情，第二年高蟾擢第。再如：

③懒修珠翠上高台，眉月边娟恨不开。纵使东巡也无益，君王自领美人来。（唐·章碣《东都望幸》）

诗人章碣屡试不第。乾符四年，侍郎高湘知贡举，将其所知邵安石自长沙携至京城，擢为进士第。诗人赋《东都望幸》刺之。诗前二句借美人失意喻自己无背景而下第。后“君王自领美人来”明明是刺高湘携所知邵安石入京擢第。全诗于正意可谓不着一字，然而处在当时的背景中的人自然可领会诗歌的寓意。

唐诗和宋词中都有词与句的借喻，但篇章的借喻在唐诗中非常发达而在宋词中似乎难得一见。

其二，明喻的略式在唐诗中大量使用。

唐诗中的明喻略式有以句群为单位的，也有以诗篇为单位的。且看以句群为单位的：

④雨落不上天，水覆难再收。/君情与妾意，各自东西流。（唐·李白《妾薄命》）

上例前两句为喻体，后两句为本体。喻女子与爱人情义已断，女子被弃。

⑤兔丝附蓬麻，引蔓故不长。/嫁女与征夫，不如弃路旁。（唐·杜甫《新婚别》）

菟丝虽然藤蔓很长，却附在低矮的蓬麻上，藤蔓自然不能伸展，以此喻女子嫁与征夫不能与夫长聚。

明喻略式还可构成全诗，下面是以篇章为单位的例子：

⑥高马勿唾面，长鱼无损鳞。辱马马毛焦，困鱼鱼有神。/君看磊落士，不肯易其身。（唐·杜甫《三韵三篇》）

明喻略式被大量使用是不难理解的，因明喻略式是以排偶为外在形式的，而唐诗刚好是对偶最多的文学样式，所以只要使用比喻就很容易用到明喻略式。

（二）唐宋词中定中喻有发展

唐宋词中使用明喻详式与唐诗无异，宋词中明喻略式十分少见，借喻多限于单词；这些都已见于前文，这里略而不谈。

定中结构的比喻在宋词中大量使用，且用法灵活，其特征是，比喻以词的等价物的身份参与组句并在句中处于重要的表意地位，句子的其他成分则对比喻的内容进行拓展、丰富，使得整个句子具有更强的表现力，有更丰富的语义。如前所列例，这类用法唐诗中也偶见，但不及宋词多见。不妨将历史上传统用例同唐宋词用例作一比较：

①楚子将以商臣为太子，访诸令尹子上，了上曰："……是人也，蜂目而豺声，忍人也，不可立。"（《左传·文公元年》）

此处，"蜂目""豺声"语义是自我完足、自我封闭——不对其他的语言成分产生语义上的影响，比喻自身已构成了意义完整的句子，不参与其他词组句。再看宋词用例：

②正焰杏烧林，缃桃绣野。（宋·柳永《木兰花慢》）

③惟有床前残泪烛，啼红相伴。（宋·柳永《安公子》）

例①"焰杏"将杏花比作"焰"，这样才有下文的"烧林"；例②"残泪烛"将烛喻作"泪"，这才有下文"啼红"。"焰杏""残泪烛"除自身构成比喻外，比喻在语义上是开放的，比喻部分再参与组句，对其他部分产生语义上的影响。萌芽于唐诗而成熟于宋词的这种用法是定中喻的发展。

第二节　唐宋代比拟

唐宋比拟较之前代变化较大，唐宋时期比拟的特质反映在诗歌中，散文中的比拟主要是承袭先秦的超句动、植物拟人，几乎无变化。因此，对唐代我们仅分析、介绍唐诗拟人，没有介绍散文的情况。宋代比拟又与唐略异，故唐宋分别介绍。

一　唐代比拟

考察唐诗中的比拟，我们以《唐诗汇评》所收5127首为对象作穷尽式调查。从中可看出比拟在唐代有巨大的变化，即句子形式的拟人的成熟。

（一）动作性拟人成熟

在形式上以句子为单位，在手法上通过动词赋予对象以人的动作、行为。在前文我们已称之为“动作性拟人”。

此类拟人在汉代仅见一例，在晋陶渊明诗作中开始多起来，但我们在整个汉魏时期仅发现9例，可见汉魏时还是萌芽状态。唐诗中有了较多的运用，成为唐诗最重要的形象化、抒情化修辞手段。我们从《唐诗汇评》中共发现42条含句子的动作性拟人的例句，其中包含56个被拟人对象。从用例分析，动物拟人已极少，仅3例，占总量的5%。95%为以无生命、无情志的植物、自然物为拟人对象。我们认为这种变化是很重要的，说明拟人已再不受限制于物与人的相似性（早期拟人多以动物为对象，就是因为动物与人有更多的相似性：人有语言，动物有鸣叫；人有男女之恋，动物亦有雌雄相守；动物有亲子之爱，有喜怒哀乐）。拟人一旦摆脱物与人相似性的约束，就变得更为自由。拟人对象越多样化、拟人的语言形式越简化，越可使拟人随机运用。

拟人对象分类如下：

被拟对象性质	用 量（56）	典型对象	所占比例
植物	27	草、花、树	48%

续表

被拟对象性质	用 量（56）	典型对象	所占比例
自然物	25	山、水、云、月、日、风	45%
抽象物	1	梦	2%
动物	3	鸟（莺、燕）、虫	5%

用例如下：

①长信宫中草，年年愁处生。故侵珠履迹，不使玉阶行。（唐·崔国辅《长信草》）

②野花愁对客，泉水咽迎人。（唐·王维《过沈居士山哭之》）

③山月晓仍在，林风凉不绝。殷情如有情，惆怅令人别。（唐·王维《别辋川别业》）

《诗境浅说续编》："山月林风，焉知惜别，而殷勤向客者，正见己之心爱辋川，随处皆堪留恋，觉无情之物，都若有情矣。"

④清溪深不测，隐处唯孤云。松际露微月，清光犹为君。（唐·常建《宿王昌龄隐居》）

《唐诗成法》："王之清才，死后松月犹若绻恋。"

如例③、例④之类自然物情志化的拟人还有不少。

⑤桃绥含情依露中，柳绵相忆隔章台。（唐·李商隐《临发崇让宅紫薇》）

⑥含情含怨一枝枝，斜压渔家短短篱。惹袖尚余香半日，向人如诉雨多时。（唐·崔橹《岸梅》）

⑦野水无情去不回，水边花好为谁开。（唐·罗隐《水边偶题》）

⑧唯余岩下多情水，犹解年年傍驿流。（唐·罗隐《筹笔驿》）

⑨别梦依依到谢家，小廊回合曲阑斜。多情只有春庭月，犹为

离人照落花。（唐·张泌《寄人》）

⑩水边杨柳曲尘丝，立马烦君折一枝，惟有春风最相惜，殷勤更向手中吹。（唐·杨巨源《折杨柳》）

上述例证“含情”“多情”“无情”（责其无情正是将其作有情物对待），都是将无生命、无情志之物生命化、情志化了。

⑪江春不肯留归客，草色青青送马蹄。（唐·刘长卿《送李判官之润州行营》）

⑫法雨晴飞去，天花昼下来。谈玄殊未已，归骑夕阳催。（唐·孟浩然《题融公兰若》）

⑬桃花开东园，含笑夸白日。偶蒙东风荣，生此艳阳质。（唐·李白《古风其四十七》）

⑭绿水解人意，为余西北流。（唐·李白《宿白鹭洲寄杨江宁》）

⑮车马虽嫌僻，莺花不弃贫。（唐·郎士元《送张南史》）

例⑪江水本是无情物，何必指责它“不肯留客”呢？正是将江水当作有情物了，草色也是有情的可“送马蹄”。例⑫夕阳有意催人归去。⑬桃花可“含笑”。例⑭绿水能理解人心，能为诗人向西北流去。例⑮莺与花是不嫌贫爱富的，将自己的美献给贫寒之士。

⑯燕知社日辞巢去，菊为重阳冒雨开。（唐·皇甫冉《秋日东郊作》）

⑰浦外野风初入户，窗中海月早知秋。（唐·皇甫冉《宿淮阴南楼酬常伯能》）

⑱无心唯有白云知，闲卧高斋梦蝶时。（唐·羊士谔《斋中咏怀》）

⑲归梦不知湖水阔，夜来还到洛阳城。（唐·戎昱《旅次寄湖南张郎中》）

⑳白雪却嫌春色晚，故穿庭树作飞花。（唐·韩愈《春雪》）

㉑柳花闲度竹，菱叶故穿萍。（唐·韩愈《闲游》）

例⑯动物（燕）有心智，例⑰至例㉑中自然物“月”“白云”“白雪”，植物中的“柳花”、抽象物“归梦”也有心智。例中“知”“嫌”“故”（即故意）都是人所具备的智慧和情感行为。

㉒机中锦字论长恨，楼上花枝笑独眠。（唐·皇甫冉《春思》）

㉓白发偏添寿，黄花不笑贫。（唐·顾况《闲居自述》）

㉔去年今日此门中，人面桃花相映红。人面不知何处去，桃花依旧笑春风。（唐·崔护《题都城南庄》）

㉕秋姿白发生，木叶啼风雨。（唐·李贺《伤心行》）

例㉒至例㉕花草树木都可以“笑”，可以“啼”。

㉖好花生木末，衰蕙愁空园。（唐·李贺《七月》）

㉗芭蕉不展丁香结，同向春风各自愁。（唐·李商隐《代赠二首》）

㉘天上碧桃和露种，日边红杏倚云栽。芙蓉生在秋江上，不向东风怨未开。（唐·高蟾《下第后上永崇高侍郎》）

例㉖至例㉘植物都具有人的情感，可以发愁、生怨。

㉙客鸟怀主人，衔花未能去。虫声竟夜引乡泪，蟋蟀何自知人愁？（唐·戎昱《客堂秋》）

例㉙中“鸟”和“蟋蟀”两个动物类对象都拟人化了，先秦至汉代都是以动物拟人占绝对优势，至南北朝非动物的拟人多了起来，至唐动物拟人变成了绝对少数。

（二）呼告拟人偶见

唐诗中的呼告拟人手法极少，我们仅发现3例。

①万类皆有性，各各禀天和。蚕身与汝身，汝身何太讹。蚕身不为己，汝身不为佗。(唐·孟郊《蜘蛛讽》)

②飞光，飞光，劝尔一杯酒。吾不识青天高，黄土厚。(唐·李贺《苦昼短》)

③三星各在天，什伍东西陈，嗟汝牛与斗，汝独不能神。(唐·韩愈《三星行》)

以上三例分别对蜘蛛、飞光（飞速流逝的阳光，即光阴）、牛斗二星等直接呼唤。

呼告拟人在唐代用得较少，在历代也都不常用。

(三) 物言拟人萎缩

魏晋时期我们发现了6例物言拟人；比起魏晋，唐代物言拟人明显萎缩，仅发现两例。

①青青水中蒲，下有一双鱼，君今上陇去，我在与谁居？(唐·韩愈《青青水中蒲·其一》)

②青青水中蒲，长在水中居。寄语浮萍草，相随我不知。(唐·韩愈《青青水中蒲·其二》)。

以上两例都以蒲草对鱼讲话来表人，《诗比兴笺》评例①："君，谓鱼也，我蒲自谓也。"《诗比兴笺》评例②："相随我不如，言蒲不如浮萍之相随也。"

③黄雀衔黄花，翩翩傍檐隙。本拟报君恩，如何反弹射？(唐·崔颢《孟门行》)

物言拟人直接脱胎于故事形式的动植物拟人。在发生学上看是产生于发生逻辑的起点处，汉魏时期这种用法比例较高，而在唐代这种用法则极为罕见。性状拟人的不断增长与物言拟人的不断萎缩正反映了拟人原始形态的不断消失，新形态的不断成熟定型。

(四) 虚物拟物偶见

萌芽于魏晋的"虚物拟物"在唐代仍很少，目前我们在唐诗中仅发现4例。

①片云凝不散，遥挂望乡愁。（唐·戎昱《云梦故城秋望》）

②春风一夜吹乡梦，梦逐春风到洛城。（唐·武元衡《春兴》）

③新妆宜面下朱楼，深锁春光一院愁。（唐·刘禹锡《和乐天春词》）

④竹雾晓笼衔岭月，频风暖送过江春。（唐·王贞白《庾楼晓望》）

以上四例，例①“望乡愁”可挂起；例②“乡梦”可被风吹；例③“愁”可被锁在院中；例④“春”是暖风送来的。这些无形之物都拟成了有形物。

（五）散文中的比拟：继承先秦的超句动植物拟人

唐代散文中，比拟仅发现超句动植物拟人，且比拟方式几与先秦汉魏无异，数量不多，为全面了解唐代比拟状况，我们还是略举两例。

①黔无驴，有好事者船载以入，至则无可用，放之山下。虎见之，庞然大物也，以为神，蔽林间窥之，他日，驴一鸣，虎大骇，远遁。以为且噬己也，甚恐。然往来视之，觉无异能者，益习其声。又近出前后，终不能捕。稍近益狎，荡倚冲冒，驴不胜怒，蹄之。虎因喜，计之曰：“技止此耳。”因跳踉大㘎，断其喉，尽其肉，乃去。（唐·柳宗元《黔之驴》）

此则虎有人之思维，语言。

②鸩与蛇相遇，鸩前而啄之。蛇谓之曰：“世人皆毒子也。毒者，恶名也。子所以有恶名者，以食我也。子不食我则无毒，不毒则恶名亡矣。”鸩笑曰：“汝岂不毒于世人哉？指我为毒，是欺也。夫汝毒于世人者有心啮人也，吾怨汝之啮人，所以食汝示刑也……”蛇不能答，鸩食之。（唐·佚名《无能子》）

这两例充分表现出与先秦超句拟人一样的特质，超句拟人的对象为动物，这里虎、鸩、蛇都具有人的语言和思维。

二 宋代比拟

宋代拟人在唐代基础上并无大的变化。可以说这一时期是传统拟人的持续期，只是拟物迅速增多。

我们以这一时期典范的文学样式为考察对象：重点是宋词考察的结果，我们发现比拟特别是拟人主要集中在诗歌作品中。

宋元明清几代的诗歌，我们选其最能代表时代文学成就的词和曲。宋清选词，元明选曲。考察范围：《全宋词简编》[①]（选词1672首）、《宋十大名家词》[②]（集词2010首）。

（一）动作性拟人持续使用

萌芽于汉魏，成熟于唐代的以句子为单位的动作性拟人，在唐代基础上无任何变化，只是延续唐代所形成的特色。在所设定的范围中共得句子的动作性拟人46例，发现有些作家特好用此类拟人，如苏轼共用7例，辛弃疾用6例。用量不少只能说明自唐以后这种拟人的确已成为最常用的拟人手法。略举几例，看其特征。

①妍歌艳舞，莺惭巧舌，柳妒纤腰。（宋·柳永《合欢带》）

②红烛自怜无好计，夜寒空替人垂泪。（宋·晏几道《蝶恋花》）

③芳草恨，落花愁，去年同倚楼。（宋·晏几道《更漏子》）

④暖风不解留花住，片片著人无数。楼上望春归去。（宋·苏轼《虞美人》）

⑤寂寞园林，柳老樱桃过。落日多情还照座，青山一点云横破。（宋·苏轼《蝶恋花·暮春别李公择》）

例①莺可“惭”、柳能“妒”，都具有人的情感了；例②红烛能

① 唐圭璋选编：《全宋词简编》，上海古籍出版社1993年版。

② 《宋十大名家词》，岳麓书社1990年版。

“自怜”、能“垂泪”；例③芳草、落花皆有“恨”有“愁”；例④责怪风无情，春归去，正是将风、花、春都当有情之物；例⑤落日光照万物，本是无情无心，当主人孤独时，落日来照似有意而为。

⑥明月多情来照户，但揽取，清光尤送人归去。（宋·苏轼《荷花媚》）

⑦转朱阁，低绮户，照无眠。不应有恨，何事长向别时圆？（宋·苏轼《水调歌头》）

⑧晓日窥轩双燕语，似与佳人，共惜春将暮。（宋·秦观《蝶恋花》）

⑨念多情但有，当时皓月，照人依旧。（宋·秦观《水龙吟·赠妓楼东玉》）

⑩斜阳如有意，偏傍小窗明。（宋·贺铸《临江仙》）

例⑥至例⑩中，日、月都是无情物，但在诗人笔下都人格化，叹其“多情”、怨其“不应有恨”、言其“有意”都是诗人心境的产物。

⑪长条故惹行客，似牵衣待话，别情无极。（宋·周邦彦《六丑·蔷薇谢后作》）

⑫我见青山多妩媚，料青山见我应如是。情与貌略相似。（宋·辛弃疾《贺新郎》）

⑬自胡马窥江去后，废池乔木，犹厌言兵。（宋·姜夔《扬州慢》）

⑭数峰清苦，商略黄昏雨。（宋·姜夔《点绛唇·丁未冬过吴松作》）

⑮人妒垂杨绿，春风为染作仙衣。垂杨却又妒腰肢，近前舞丝丝。（宋·姜夔《莺声绕红楼》）

例⑪草木无情，却“故惹”行客，还“牵衣”，人格化了；例⑫青山本无心智，但诗人眼中它会赏识自己；例⑬废池、乔木是无情之物，言其犹厌讲说战乱之苦，人格化了；例⑭山峰是自然物而具有人的行为即在黄昏中交谈；例⑮垂杨能嫉妒美女的腰肢，故意在风中舞动。

（二）性状性拟人萌芽

以句子为单位，将表达人的性质状态的形容词移用于物，我们称其为“性状性拟人”①。这种用法目前仅在宋词中发现一例，但它是新的形式，且对后代有价值，我们予以介绍。

数峰清苦，商略黄昏雨。（宋·姜夔《点绛唇·丁未冬过吴松作》）

历史上以句子为单位的拟人，都是将用于人的动词用于物，是通过动词将物象拟人化。而此例是将形容人的形容词“清苦”用来描绘青山。在现当代产生很多这种用法，所以起源之处是值得我们留心的。

（三）呼告式拟人沿用

呼告式拟人唐以前极少，我们在宋词中仅发现两例。

①杯，汝前来！老子今朝，点检形骸……物无美恶，过则成灾。与汝成言：“勿留亟退，吾力犹能肆汝杯。”（宋·辛弃疾《沁园春·将止酒，戒酒杯使勿近》）

②溪边白鹭，来吾告汝：溪里鱼儿堪数。人怜汝汝又怜鱼，要物我、欣然一处。（宋·辛弃疾《鹊桥仙·赠鹭鸶》）

（四）虚物拟物方式大量出现

这一时期值得我们格外关注的是，将抽象事物赋以形状、质地的一类拟物方式大量出现。此用法在唐代萌芽期我们仅发现 4 例；而在前文所设定的观察范围内，我们从宋词发现 17 例，这种极高的频率说明这种用法在宋代成熟。我们悉数录出：

①闻岸草，切切蛩吟如织。（宋·柳永《倾杯乐》）

---

① 汪国胜等将“性状性拟人”称为“形容性拟人”，见汪国胜等编《汉语辞格大全》，广西教育出版社 1993 年版，第 6 页。

蛩吟无形，此处拟为有形有质之丝类物质，如此方可织。

②自别后，幽怨与闲愁，成堆积。（宋·柳永《满江红》）

将无形的闲愁拟为有形之物，可以堆积。

③看朱成碧，惹闲愁堆积。（宋·柳永《倾杯乐》）

④山城歌舞助凄凉。且餐山色饮湖光。（宋·苏轼《浣溪沙》）

山色、湖光拟成食物可供餐饮。

⑤无情汴水自东流，只载一船离恨，向西州。（宋·苏轼《虞美人》）

⑥小小兰舟，荡桨东风快，和愁载。（宋·贺铸《虞美人》）

⑦彩舟载得离愁动，无端更借樵风送。（宋·贺铸《菩萨蛮》）

⑧无端不系孤舟，载将多少离愁。（宋·贺铸《清平乐》）

⑨多情多病，万斛闲愁量有剩。（宋·贺铸《木兰花》）

⑩斗酒才供泪，扁舟只载愁。（宋·贺铸《南歌子》）

⑪愁随芳草，绿遍江南。（宋·贺铸《诉衷情》）

⑫住兰舟，载将离恨，转南浦……（宋·贺铸《绿头鸭》）

⑬凄恻，恨堆积。（宋·周邦彦《兰陵王·柳》）

⑭平波落照涵赭玉，画舸亭亭浮淡渌。临分何以祝深情，只有别愁三万斛。（宋·周邦彦《玉楼春》）

⑮画烛寻芳去，羸马载愁归。（宋·周邦彦《红罗袄》）

⑯无情画舸……载将离恨归去。（宋·周邦彦《尉迟杯·离别》）

⑰只恐双溪舴艋舟，载不动，许多愁。（宋·李清照《武陵春·春晓》）

上列宋词17例，全将无形表质之物拟物使之形质化，可堆积，如例②、例③、例⑬；可称量，如例⑨、例⑭。情感还有色彩如例⑪；更多的是可以车船运载、牛马驮负，如例⑤、例⑥、例⑦、例⑧、例⑩、例⑫、例⑮、例⑯、例⑰。

这种用法将抽象感情形质化，对诗歌抒情有极重大的意义，同时，宋代虚物拟物化也大量使用。

三　唐宋比拟的若干变化分析

唐宋时代的比拟较之前代有划时代的变化，表现在以下几方面。

（一）虚物拟物迅速增加

虚物拟物速增，尤其在宋词作中，已发现17例无形事物形质化的拟物。用例见前。

（二）物言拟人进一步萎缩

物言拟人作为情节拟人的脱胎形式，它产生于汉魏，至唐已大为萎缩，至宋我们在所设定范围内竟未发现有物言拟人，我们不能据此说在实际语言中它消失了，但我们大致可以说它进一步萎缩了。这种现象出现可能与物言拟人自身的缺陷有很大的关系，试论如下。

1. 物言拟人抒情功能受限制

诗歌运用拟人本是为抒情而起，呼告与动作性拟人都是激情的产物，是由激情而产生的物我同一。而物言拟人是脱胎于情节性的动植物拟人，情节性拟人又是前逻辑思维的产物，它的形成之因是理智需求——解惑机制造成，而不是情感。因而脱胎于情节拟人的物言拟人本质上不是情绪的产物。我们可以也从本体获得的途径发现这一问题：性状拟人的本体物都是诗人的眼前景，是移情于眼前之景。以上所举历代用例可见。如：

①绿水解人意，为人西北流。（唐·李白《宿白鹭洲寄杨江宁》）

②多情只有春庭月，犹为离人照落花。（唐·张泌《寄人·其一》）

这两例本体一为“绿水”，一为“春庭月”，都是诗人所面对的眼前之物，且都本是无情之物，它们本是既不能“解人意”也不会“多情”的。是诗人内心的激情投射于物，所以本体本身就是情感的产物，是情感的载体和符号——是情感自身。而此前魏晋时期曹植《七步诗》中的“豆”“萁”都不是作者的眼前之物，而是记忆中的事物，本体事物通过相似联想提取的。曹氏兄弟相残，正如煮豆燃萁。所以，物言拟人多理胜于情，物言拟人在抒情时，本体事物只是作者的传声筒，作者是通过本体事物的自叙来表达感情的。而本体事物自身的形象特征并不具备情感特征。

2. 物言拟人时空表达受视角限制

诗歌不管是情还是景，都是在时空中展开的。诗歌应是思接千载，视通万里，诗歌的形象、意境应在无限的时空中描绘，我们往往发现诗歌通过跳跃、压缩，以有限的诗行表达阔大的空间、悠远的时间、细微的心理。如：苏轼的《念奴娇·赤壁怀古》从空间说是“大江东去”，整个长江尽收笔底，其境界十分广阔：“乱石穿云，惊涛拍岸，卷起千堆雪。”从时间看是由宋代上溯至三国时代，赤壁之战，“遥想公瑾当年”。从人物和事件说，既有周郎的外貌描绘“雄姿英发”“羽扇纶巾”“谈笑”，也写了与周郎有关的事件“小乔初嫁”“樯橹灰飞烟灭”。这种描写之所以能展示如此阔大的时空，原理很简单：以人为视角，人是有历史知识、有想象力、有观察力的。

物言拟人则受客观事物自身特性的约束，往往只能表达此时此地的有限时空，因为很多自然物如植物，就时间而论，它没有以智能为基础的历史记忆。就空间而论，它们不能自主地移动空间位置。它们的生命是限定在有限的时空中，而以物言的方式表达，也只能是有限的时空，如：韩愈《青青水中蒲》一首：

青青水中蒲，下有一双鱼，君今上陇去，我在与谁居？

这首诗是以水中蒲草自述。从时间看，就是水中鱼儿游走的当下；从空间看，仅是蒲草所处的水中。内容离不开蒲草与鱼的相依关系。

这种时空受到限制的表达当然就不太为诗人所爱好。

3. 物言拟人不能在诗人的当下环境中随机产生

诗人创作往往离不开环境的描绘，中国诗歌直抒胸臆者少，而借景抒情者多，“意境”追求就是中国诗歌最重要的特质，意即主观的情感，境即自然环境。由于中国诗歌的这一特性，所以以句子为单位的动作性拟人、性状性拟人很容易随机产生：触景而生情，移情又及物。我们所见的动作性拟人无不是诗人所面临的当下景物。

①野花愁对客，泉水咽迎人。（唐·王维《过沈居士山居哭之》）

②松际露微月，清光犹为君。（唐·常建《宿王昌龄隐居》）

③斜阳如有意，偏傍小窗明。（宋·贺铸《临江仙》）

上例中的“野花”“泉水”“微月”“斜阳”都是诗人所面临的眼前之物。诗人在面对景物时，只要有所触动，就可以将主观感情投射于物。所以，这类拟人是可以随机、随时、随地地产生的。

物言拟人中，本体事物不是诗人的眼前之物，而是记忆中的事物，它由于脱离诗人的当下物景，也就无法自由地随机产生。

第三节　唐宋讽喻：讽喻文学化时期

唐宋时代讽喻的社会与文化背景有关。首先，尖锐的社会矛盾、重大的社会问题促进了讽喻的运用。唐宋的讽喻都出现于国力下降、社会矛盾尖锐的时期。唐代讽喻主要是中唐以后，即“安史之乱”后。安史之乱使唐王朝元气大伤，社会矛盾十分尖锐，内有宦官专权，藩镇割据、官僚党争，外又受吐蕃、回鹘威胁。唐代很多讽喻具有强烈的针对性，针对社会的黑暗面和不合理现象。如藩镇割据是中唐最严重的问题，“大者连州十余，小者犹兼三四”（《新唐书·兵志》），各路诸侯与中央政权分庭抗礼。唐室对此束手无策，只能采取“以藩制藩”的政策来应对。柳宗元《罴说》就描写一个模仿各种野兽叫的猎人，他没有实际的武力，只好用蒙混吓唬的办法来对付猛兽，用虎的叫声吓貙，又用罴的叫声吓虎，结果招来了罴，毫无办法，便被罴吃掉了。这篇讽喻作品明显是对唐室以藩制藩的政策发出警告和劝诫。

宋代是中国历史上的软弱王朝，宋太祖以军事政变获得政权，又目睹唐代藩镇割据之害，就采用了一系列旨在限制军事将领权限的军事政策，如降低武将地位、频繁调动主将，使军中兵不识将，将不识兵，上下级将领都不十分了解，使得宋王朝军队毫无战斗力。再加上宋代官僚机构冗滥，宋王朝积贫积弱，不断受外族欺侮，先后向辽、金、西夏、蒙古送礼，割地求和。面对这种内忧外患的状况，宋代宫廷内部因政见不一，产生一系列的激烈的党争。

对此，宋代民间普遍不满，多以讽喻发泄。

其一，讽刺朝廷对外敌束手无策。

> ①秦破赵于长平，坑众四十万，遂以兵围邯郸。诸侯救兵，列壁而不敢前。邯郸垂亡，平原君无以为策。家居愁坐，顾府吏而问曰："相府有何未了公事？"吏未对，辛垣衍在坐，应声曰："唯城外一伙窃盗未获尔。"（《艾子杂说》[①]）

这一讽喻故事是改造历史事实而写成的，事见《战国策·赵策》，平原君作为相国，对外敌入侵束手无策，只能在家愁坐，与其应答者竟是主降派的魏国使臣辛垣衍，秦大兵压境，竟以抓盗贼为朝中大事。这分明讽刺宋室无能。

其二，讽刺将领无能，朝廷选将不当。

> ②赵以马服君之威名，擢其子括为将，以拒秦，而适当武安君白起，一战军破，掠赵括，坑其众四十万，邯郸几败。艾子闻之曰："昔人将猎而不识鹘，买一凫而去，原上兔起，掷之使击，凫不能飞，投于地，又再掷，又投于地，至三四，凫忽蹒跚而人语曰：'我鸭也，杀而食之，乃其分，奈何加我以掷之苦乎？'其人曰：'我谓尔为鹘，可以猎兔耳，乃鸭耶？'凫举掌而言曰：'看我这脚手，可以搦得他兔否？'"（《艾子杂说》）

这则讽喻故事假借历史人物言事，实与历史无关。赵国选才不当，

① 为宋人托名苏轼所作。

用纸上谈兵的赵括为将，正相当于将鸭子当成猎鹰，是不能捕获猎物的。这里赵国分明即是赵宋之影射。

在宋元易代之际，邓牧仿柳宗元《三戒》而写《二戒》，其一为“越人遇狗”，其二为“楚佞鬼”。越人遇狗写越人误收野狗，养祸杀身；它隐喻宋人因害怕金人而和蒙古人妥协，终于自取死亡。此处越人即南方人，宋相对蒙古也是南方人，明显系影射蒙古灭宋。“楚佞鬼”则写楚人屈辱地侍奉一鬼，市井无赖也仗鬼势为害百姓，后来天神怒雷击鬼庙，击死无赖；此处将元人比作妖鬼，把屈降外族的汉奸比作市井无赖，希望将他们被雷火劈死。

唐宋文人面对的都是尖锐的社会矛盾和关系军国大事的重大问题，这些矛盾和问题又多直接涉及最高统治者，不便明言，因而借助讽喻言在此而意在彼，旁敲侧击，含沙射影，既表达了自己的意见、发泄了内心的愤懑又不致招来灾祸。

其三，外来文化影响，主要是佛教经典的影响。

唐代始，自创的讽喻作品发生了划时代的变化：即能独立成篇。这显然是受南北朝所译佛经（特别是《百喻经》）的影响，唐代因武则天的提倡，佛教得以在全国大规模流行，唐代使用讽喻最多也最成功的散文家柳宗元本人就深受佛教影响，如其《永州八记》多写静寂空灵之境，诗作《江雪》空寂、冷清，这都是禅的境界。所以自柳宗元开始的独立成篇的讽喻，其来源无疑是佛经。

宋代使用讽喻最多的人是苏轼。苏轼本人也信佛，他在中年后谈禅说佛，好与僧人交往，与高僧佛印成为好友，深受佛经影响。如他的讽喻作品《日喻说》与《涅槃经》“盲人摸象”十分相似（例见后文）。

最后，古文运动带来的文体解放促进了讽喻的发展。

唐宋两个时代的讽喻都集中在古文家作品中，这并非偶然。

从战国始，文人写文章就好用对偶、排比，秦汉散文更加骈俪化。到六朝，士人撰文“俪采百字之偶，争价一句之奇”，两两相对的四字句和六字句所形成的骈文已成了文章的唯一形式，这种过于讲求形式的整齐句式十分影响内容的表达，尤不便于叙事。这种六朝遗习一直影响到初唐乃至盛唐，到中唐时代，韩愈、柳宗元发起古文运动，终于使古文压倒骈文，使文体获得解放。古文返璞归真，仿效先秦散文，奇句单行，句型灵活，无论是写景、叙事、抒情、议论都能自如表达。这种句型特别有利于讽喻，因为讽喻要有小故事，要叙事，而骈文是不能清晰叙事的。文体的这种解放无疑促进了讽喻的发展，且古文运动仿效先秦，先秦又是使用讽喻的高峰，这也对唐人有影响。

宋代的情况几乎是唐代的重演。唐代古文运动随着王朝的衰落灭亡而沉寂，五代骈俪文风又在宋代占据文坛，直到北宋中叶，欧、苏、王、曾等重启古文运动，所以又导致了北宋中叶后讽喻的大量出现。唐宋讽喻有一共同特点就是这一时期的讽喻都是文学名家作品居多，很多讽喻是优秀的散文。

要之，唐宋讽喻有两点值得注意：其一，是受佛经影响，都独立成篇，但与南北朝佛经讽喻有本质不同的是，这是自创的讽喻。其二，唐宋讽喻都为知名的文学家创作，讽喻作品已形成独立的文学样式，而历史上的讽喻，先秦诸子著述的本不是文学而是哲学，且讽喻只是文章的附属部分，南北朝佛经讽喻虽独立成篇但篇幅短小，艺术性多谈不上，唐宋讽喻可以说吸收了先秦两汉魏晋南北朝之长，而有新发展：讽喻的质量、写作特点吸收先秦，而在形式上又学习南北朝，是历史上优点的综合。

一 讽喻的形式

（一）按喻体性质划分

1. 世情故事类讽喻

①郭橐驼，不知始何名。病偻，隆然伏行，有类橐驼者，故乡人号之“驼”。驼闻之曰：“甚善，名我固当。”因舍其名，亦自谓“橐驼”云。其乡曰丰乐乡，在长安西。驼业种树，凡长安豪家富人为观游及卖果者，皆争迎取养。视驼所种树，或迁徙，无不活，且硕茂蚤实以蕃。他植者虽窥伺效慕，莫能如也。

有问之，对曰：“橐驼非能使木寿且孳也，以能顺木之天以致其性焉尔。其本欲舒，其培欲平，其土欲故，其筑欲密。既然已，勿动勿虑，去不复顾。其莳也若子，其置也若弃，则其天者全而性得矣。故吾不害其长而已，非有能硕茂之也；不抑耗其实而已，非有能蚤而蕃之也。他植者则不然。根拳而土易，其培之也，若不过焉则不及焉。苟有能反是者，则又爱之太殷，忧之太勤，旦视而暮抚，已去而复顾，甚者爪其肤以验其生枯，摇其本以观其疏密，而木之性日以离矣。虽曰爱之，其实害之；虽曰忧之，其实仇之。故不我若也。吾又何能为哉？”

问者曰：“以子之道，移之官理，可乎？”驼曰：“我知种树而已，官理非吾业也。然吾乡，见长者好烦其令，若甚怜焉，而卒以祸，旦暮吏来而呼曰：‘官命促尔耕，勖尔植，督尔获，蚤缫而绪，蚤织而缕，字而幼孩，遂而鸡豚！’鸣鼓而聚之，击木而召之。吾小人辍飧饔以劳吏者且不得暇，又何以蕃吾生而安吾性邪？故病且怠。若是，则与吾业者其亦有类乎？”问者嘻曰：“不亦善乎？吾问养树得养人术。”传其事，以为官戒也。（唐·柳宗元《种树郭橐驼传》）

②狙氏子不得父术，而得鸡之性焉。其畜养者，冠距不举，毛羽不张，兀然若无饮啄意。洎见敌，则他鸡之雄也；伺晨，则他鸡之先也。故谓之天鸡。

狙氏死，传其术于子焉。且反先人之道：非毛羽彩错、嘴距銛利者，不与其栖。无复向时伺晨之俦，见敌之勇；峨冠高步，饮啄而已。吁！道之坏也有是夫！（唐·罗隐《说天鸡》）

③生而眇者不识日，问之有目者。或告之曰：“日之状如铜槃。”扣槃而得其声；他日闻钟，以为日也。或告之曰：“日之光如烛。”扪烛而得其形；他日揣籥，以为日也。日之与钟籥亦远矣，而眇者不知其异，以其未尝见而求之人也。道之难见也甚于日；而人之未达也，无以异于眇。达者告之，虽有巧譬善导，亦无以过于槃与烛也。自槃而之钟，自烛而之籥，转而相之，岂有既乎？故世之言道者，或即其所见而名之，或莫之见而意之，皆求道之过也……（宋·苏轼《日喻说》）

例①以驼背人郭氏植树的故事喻治国之道，植树要顺应树木的天性，讲求自然之道，不要干扰树木的自然生长，如果“爱之太殷，忧之太勤，旦视而暮抚，已去而复顾，甚者爪其肤以验其生枯，摇其本以观其疏密”，则“虽曰爱之，其实害之”。治国亦当无为而治，以不扰民为要。所表达的适为《老子》“治大国若烹小鲜”思想。例②狙氏子养斗鸡重外表不重内质，以此喻以貌取人，埋没真才。例③因眼瞎而不能亲自观察事物，导致对事物发生错误的判断。此喻对事不应主观臆断。

④艾子之邻，皆齐之鄙人也。闻一人相谓曰：“吾与齐王公卿，皆人而禀三才之者，何彼有智，而我无智？”一曰：“彼日食肉，所以有智；我平日食粗粝，故少智也。”其问者曰：“吾适有粜粟钱数千，姑与汝日食肉试之。”数日，复又闻彼二人相谓曰：“吾自食肉后，心识明达，触事有智，又能穷理。”其一曰：“吾观人脚面，前出甚便，若后出岂不为继来者所践？”其一曰：“吾亦见人鼻窍，向下甚利，若向上，岂不为天雨注之乎？”二人相称其智。艾子叹曰：“肉食者其智若此。”（《艾子杂说》）

例④弱智者自以为食肉而获得智慧，竟以常识为卓识，此讽刺当道的肉食者少智。

2. 拟人故事类讽喻

唐宋两代以拟人化故事为喻体的讽喻占有很高的比例。

①黔无驴，有好事者船载以入，至则无可用，放之山下。虎见之，庞然大物也，以为神，蔽林间窥之，他日，驴一鸣，虎大骇，远遁。以为且噬己也，甚恐。然往来视之，觉无异能者，益习其声。又近出前后，终不能搏。稍近益狎，荡倚冲冒，驴不胜怒，蹄之。虎因喜，计之曰：“技止此耳。”因跳踉大㘎，断其喉，尽其肉，乃去。（唐·柳宗元《黔之驴》）

②鸩与蛇相遇，鸩前而啄之。蛇谓之曰：“世人皆毒子也。毒者，恶名也。子所以有恶名者，以食我也。子不食我则无毒，不毒则恶名亡矣。”鸩笑曰：“汝岂不毒于世人哉？指我为毒，是欺也。夫汝毒于世人者有心啮人也，吾怨汝之啮人，所以食汝示刑也……”蛇不能答，鸩食之。（唐·佚名《无能子》）

③昔有人将猎而不识鹘（猎鹰），买一凫而去。原上兔起，掷

之使击，凫不能飞，投于地，又再掷，又投于地，至三四，凫忽蹒跚而人语曰："我鸭也，杀而食之乃其分，奈何加我以抵掷之苦乎?"其人曰："我谓尔为鹘，可能猎兔耳，乃鸭耶?"凫举掌而示，笑以言曰："看我这脚手，可以搦得他兔否?"(《艾子杂说》)

例⑤黔之驴不自量地在虎前抖威风，结果丧生，以此告诫人不可轻举妄为；例⑥鸩因食蛇而羽毛产生毒素，蛇花言巧语进行诡辩，鸩却明辨是非将蛇消灭，宣扬了除恶务尽的精神；例⑦猎人以鸭子当猎鹰，用才不当，当是刺宋室选将不当不能抗敌。

④艾子浮于海，夜泊岛峙。中夜，闻水下有人哭声，复若人言，遂听之。其言曰："昨日龙王有令，应水族有尾者斩。吾龟也，故惧诛而哭；汝虾蟆（即青蛙）无尾，何哭?"复闻有言曰："吾今幸无尾，但恐更理会科斗（蝌蚪）时事也。"(《艾子杂说》)

⑤眉、眼、口、鼻四者，皆有神也。一日，口为鼻曰："尔有何能，而位居吾上?"鼻曰："吾能别香臭，然后子方可食，故吾位居汝上。"鼻为眼曰："子有何能，而位在我上也?"眼曰："吾能观美恶，望东西，其功不小，宜居汝上也。"鼻又曰："若然，则眉有何能，亦居我上?"眉曰："我也不能与诸君相争得。我若居眼鼻之下，不知你一个面皮安放哪里?"（宋·罗烨《醉翁谈录》)

⑥桃符仰视艾人而骂曰："汝何等草芥，辄居我上?"艾人俯而应曰："汝已半截入土，犹争高下乎?"桃符怒，往复纷然不已。门神解之曰："吾辈不肖，方傍人门户，何暇争闲气耶?"（宋·苏轼《争闲气》)

例④讽刺官府的株连政策；例⑤、例⑥都是以拟人手法讽刺争名利地位的恶劣风气。

（二）按讽喻的结构划分

1. 明喻类讽喻

①蝜蝂者，善负小虫也。行遇物，辄持取，昂其首负之。背愈

重，虽困剧不止也。其背甚涩，物积因不散，卒踬仆不能起。人或怜之，为去其负。苟能行又持如故。又好上高，极其力不已，至坠地死。（喻体）/（本体）今世之嗜取者，遇货不避，以厚其室，不知为己累也，唯恐其不积。及其怠而踬也，黜弃之，迁徙之，亦以病矣。苟能起，又不艾。日思高其位，大其禄，而贪取滋甚，以近危坠，观前之死亡不知戒。虽其形魁然大者也，其名人也，而智则小虫也，亦足哀夫！（唐·柳宗元《蝜蝂传》）

②裴封叔之第，在光德里。有梓人（木匠）款其门，愿佣隙宇而处焉。所职（携带）寻引（量长度工具）、规矩、绳墨，家不居（存放）砻斫之器。问其能，曰："吾善度材，视栋宇之制，高深圆方短长之宜，吾能使而群工役焉。舍我，众莫能就一宇。故食于官府，吾受禄三倍；作于私家，吾收值大半焉。"他日，入其室，其床阙（缺）足而不能理，曰："将求他工。"余其笑之，谓其无能而贪嗜者。

其后京兆尹将饰官署，余过往焉。委群材，会众工。或执斧斤，或执刀锯，皆环立向之。梓人左持右引，执杖而中处焉。量栋宇之任，视木之能举，挥其杖，曰："斧！"彼执斧者奔而右；顾而指曰："锯！"彼执锯者趋而左。俄而斤者斫，刀者削，皆视其色，俟其言，莫敢自断者。其不胜任者，怒而退之，亦莫敢愠焉。画宫于堵，盈尺曲尽其制，计其毫厘而构大厦，无进退焉。既成，书于上栋曰："某年某月某日某建"则其姓字也。凡执用之工不在列。余圜视大骇，然后知其术之工大矣。（喻体）/（本体）……是足为佐天子相天下法矣，物莫近乎此也。彼为天下者，本于人。其执役者，为徒隶，为乡师里胥。其上为下士，又其上为中士，为上士。又其上为大夫，为卿，为公……犹众工之各有执技以食力也，彼佐天子相天下者，举而加焉，指而使焉，条其纲纪而盈缩焉，齐其法制而整顿焉，犹梓人之有规矩绳墨以定制也……余谓梓人之道类于相，故书藏之。（唐·柳宗元《梓人传》）

例②以梓人指挥营造房屋的技能喻为相之道，重在指挥全局，发挥众官吏的作用，而不需事必躬亲。

③南方多没人（善潜水者）日与水居也，七岁而能涉，十岁而能浮，十五而能没也。夫没者岂苟然哉！必将有得于水之道者。日与水居，则十五而得其道；生不识水，则虽壮，见舟而畏之。故北方之勇者问于没人，而求其所以没，以其言试之河，未有不溺者也，（喻体）/（本体）故凡不学而务求道，皆北方之学没者也。（宋·苏轼《日喻说》）

2. 借喻类讽喻

唐宋之际借喻类讽喻特多。借喻式讽喻表义更为隐晦，更适合针对重大的社会问题。

①永有某氏者，畏日拘忌异甚，以为己生岁直子，鼠，子神也。因爱鼠，不畜猫犬，禁僮勿击鼠，仓廪庖厨，悉以恣鼠不问。由是鼠相告皆来某氏，饱食而无祸。某氏室无完器，椸无完衣，饮食大率鼠之余也。昼累累与人兼行，夜则窃啮斗暴，其声万状，不可以寝，终岁不厌。数岁，某氏徙居他州，后人来居鼠为态如故。其人曰："是阴类恶物也，盗暴尤甚，且何以至是乎哉。"假五六猫，阖门撤瓦灌穴，购僮罗捕之，杀鼠如丘，弃之隐处，臭数月乃已。（唐·柳宗元《三戒·永某氏之鼠》）

②临江之人畋得麋麑，畜之。入门，群犬垂涎，扬尾皆来。其人怒，怛之。自是日抱就犬习，示之使勿动，稍使与之戏。积久，犬皆如人意。麋麑稍大，忘己之麋也，以为犬良我友，抵触偃仆，益狎。犬畏主人，与之俯仰甚善，然时啖其舌。三年，麋出门，见外犬在道甚众，走欲与为戏。外犬见而喜且怒，共杀食之，狼藉道上，麋至死不悟。（唐·柳宗元《三戒·临江之麋》）

③越人道上遇狗，狗下首摇尾人言曰："我善猎，与若中分。"越人喜，引而俱归，待之以人礼。狗得盛礼，日益倨；猎得兽必尽啖乃已。或嗤越人曰："尔饮食之；得兽，狗辄尽啖，将奚以狗为?"越人悟，因与分肉，多自与。狗怒，啮其首，断领足，走而去之。（宋·邓牧《二戒·越人遇狗》）

明喻式讽喻要点明喻义，而借喻式讽喻则无须讲明喻义，自然表意更为隐晦曲折。对一些在专制体制下不便明言的重大问题更加适合。例①以鼠影射在唐室庇护下为非作歹的宦官集团，言对此鼠类当仿后来房主予以彻底歼灭，不能像前房主姑息养奸。例②鹿以善良的天性对待狗类，结果被狗吃掉，此喻王叔文改革失败的教训：对宦官、军阀势力的狠毒缺乏必要的认识。例③借重狗打猎，狗贪得无厌，最终因无法满足欲望而咬死主人。此喻南宋因惧金人南下而与蒙古妥协，终于被蒙古所灭的惨痛教训。

二 讽喻的文体分布

我们认为，唐宋时期的文体分布有划时代的变化。历史上先秦的讽喻分布有两种情况。其一是附着于政论文，其二是附着于历史传记的人物对话部分。南北朝讽喻虽独立成篇但作为译作是为宣传宗教教义服务的，艺术性的构思往往在其次。而唐宋讽喻多是著名文学家的作品，多独立成篇，且将讽喻作为一种文学修辞手段来使用，所以唐宋讽喻最大的特点是分布于艺术性散文中，还有一部分分布于笑话集中。

（一）唐代出现艺术散文性讽喻

我国文学史上艺术性散文并非自古就有，是魏晋时期随着文学意识觉醒而产生的，此后文人写作不光为载道服务，人们以散文抒发个人情感、描绘自然风光。文本有独立的美学价值，从此人们写作散文就要追求文面之美，注重选词用字，注重辞格运用。从此，写作艺术性散文成为一种自觉的追求，有人专以此为毕生使命。至唐宋艺术性散文正式成熟，如为文学史所称道的唐宋八大家也是艺术散文的名家。唐宋两代讽喻有很多就是独立成篇的艺术散文，特别是柳宗元、苏东坡的作品。

柳宗元的如下作品是独立成篇的讽喻，也是有名的艺术散文：《三戒》《罴说》《鞭贾》《蝜蝂传》《哀溺文》《憎王孙文》《骂尸虫文》《谪龙说》《东海若》《宥蝮蛇文》《鹘说》《种树郭橐驼传》《梓人传》等。特别是《三戒》《蝜蝂传》《种树郭橐驼传》《梓人传》等几篇，被清代金圣叹《天下才子必读书》、吴楚材《古文观止》、朱东润《古文鉴赏词典》等知名散文选本选录。

唐代韩愈有若干散文篇章也是以讽喻手法形成全文。如《毛颖传》，毛颖即是兔毫笔，此为兔毫笔立传。作用从蒙恬制笔写起，再写毛颖怎样勤勤恳恳地为秦始皇服务，直写到毛笔“老而秃”“不中书”，为秦皇所弃。作者借毛颖喻文人的功劳与遭遇，故后文说：“赏不酬劳，以老见疏，秦真少恩哉!”寄托了自己的不平之感。另一篇讽喻是《圬者王承福传》，写一名叫王承福的泥水匠，世代务农，在安史之乱中有军功，有官勋，但战争结束后抛弃官禄专以泥水工艺为生，并以此为自豪，而且只要养活自己就行，要价低廉，生活俭朴，有余钱便施舍于废疾挨饿的人。韩愈通过王承福的故事讽刺那些“贪邪忘道以丧其身”的贪婪官吏。鲁迅先生在《中国小说史略》中将其与《种树郭橐驼传》相提并论。指出它是一篇“幻设为文”“以寓言为本”的作品。

宋代散文家欧阳修、苏轼都写了不少以讽喻成篇的散文名作。欧阳修作《伐树记》写园圃中有两棵大树，占地很大，与蔬菜花果争夺养料。一棵是“拳曲臃肿，疏轻而不坚”的无用之材大樗；另一棵是能开花结果的冬杏。农人为栽植蔬菜，砍掉了大樗而保留了冬杏。作者通过这个故事表达朝廷用人也应丢弃“以无用而贼有用”的废物，应罢除那些尸位素餐的官吏。欧阳修另一篇《养鱼记》写小童在堂前的小池中养鱼，养小鱼而弃大鱼，结果使“巨鱼枯涸在旁不得其所，而群小鱼游戏乎浅狭之间，有若自足焉”。作者写此文时，朝廷幸臣、宦官用事，人才不能进用。故作者以大鱼喻人才，以小鱼喻朝中小人。

苏轼的创作受庄子和柳宗元的影响，据苏辙撰《东坡先生墓志铭》中载：苏轼早年读《庄子》的感叹：“吾若有见于中，口不能言，今见《庄子》得吾心矣。”苏轼又极喜柳宗元作品，所作《又读柳子厚〈三戒〉》中云：“读柳子厚《三戒》而爱之。又尝悼世之人，有妄怒以招祸，欲盖而彰者，游吴，得二事于水滨之人，亦似之，作《二说》；非有意乎续子厚者也，亦聊以自警。”下面即为苏东坡仿柳宗元《三戒》所作《二说》：

①河之鱼，有豚其名者。游于桥间，而触其柱；不知远去，怒其柱之触己也，则张颊、植鬣、怒腹而浮于水，久之莫动。飞鸢过而攫之，磔其腹而食之。好游而不知止，因游而触物，不知罪己，妄肆其忿至于磔腹而死，可悲也夫!(《河豚鱼说》)

按：此则讽喻即苏轼自己所讲喻“妄怒招祸”。

②海之鱼，有乌贼其名也。呴水而水鸟戏于岸间。惧物之窥己也，则呴水以自蔽；海鸟视之而疑，知其鱼而攫之。呜呼！徒知自蔽以求全，不知灭迹以杜疑，为窥者之所窥，哀哉！（《乌贼鱼说》）

此讽刺不知收敛自己，对自己的错误掩耳盗铃、欲盖弥彰，招来灾祸的行为。

从《二说》可见苏子在有意仿效柳宗元，而他的《日喻说》则明显似《庄子》——以一组多则相关的讽喻故事相连，表达共同的寓意。苏子这些文章是以讽喻手法形成独立篇章的艺术散文佳作。

（二）宋代出现笑话集里的讽喻

笑话属于广义散文，但不属艺术散文。我国在魏晋时期就有笑话集《笑林》，其后隋唐有多部笑话集：《启颜录》《谐噱录》《笑言》《群居解颐》。但这些笑话仅是令人发笑而已，无所寄托。而宋代出现了托名苏轼撰的笑话集《艾子杂说》，全书共有故事三十九则，大多有所寄托，有寓意，这些作品的寓意有些经作者点明，有些未点明。但都是言在此而意在彼的讽喻作品专集。可以说，《艾子杂说》在讽喻演变史上有特殊的意义，它是我国历史上第一部自创的讽喻作品专集。南北朝的《百喻经》是译作的讽喻作品专集。

前引《艾子杂说》不少，再看两例。

①齐宣王问艾子曰：“吾闻古有獬豸，何物也？”艾子对曰：“尧之时，有神兽曰獬豸，处廷中，辨群臣之邪僻者触而食之。”艾子对已，复进曰：“使今有此兽，料不乞食矣。”

此讽刺邪僻者甚多，够使獬豸餍足。

②邹忌子说齐王，齐王说之，遂命为相，居数月，无善誉。艾子见淳于髡问曰：“邹子为相之久，无誉何也？”髡曰：“吾闻齐国

有一毛手鬼，凡为相，必以手掴之、其人遂忘平生忠直，默默而已。岂其是与?”艾子曰：“君之过矣，彼毛手只择有血性者掴之。”

此讽刺一为高官便丧忠直之性，便丧失血性。

第四章　元明清喻类辞格

第一节　元明清比喻

比喻的产生与发展演变都和文学及学术相关，在各类学术中，唯哲学类使用比喻最多，史学语言学论著使用比喻则相对较少。文学则始终钟情于比喻。

元明清三代仅明代哲学有极短暂的发展，产生了王阳明“心学”，元代与清代的异族统治都极为严酷，是中国哲学最为衰落的时代，而明代王阳明代表作《传习录》中又使用比喻极少。因此，这一时期的比喻探讨将以文学为主。

说到文学，此时比喻在小说、戏剧、散曲等方面都有大的发展。这不仅关乎文学样式，又表现在文学趣味上。由于城市的迅速发展，市民阶层的兴起，文学趣味趋于俚俗化，通俗的、以白话为载体的市民文学兴起，这自然也影响到比喻。一方面，元明清继承了古代比喻的基本形式；另一方面，现代比喻的一些基本形式也在此时萌芽。所以我们认为这一时期是古今过渡期。

一　比喻的形式

（一）明喻详式产生大量的新形式

元明清时期明喻详式有两个明显的变化。

1. 喻词多

有“如”“若”“似”“像”“仿佛”“同”，特别是“像”，后成为现代使用频率最高的明喻喻词，从喻词发展的系统看亦有古今过渡的性质。

2. 格式多样

计有三种格式：

(1) 本体+喻词+喻体；

(2) 本体+喻词+喻体+比喻助词（似的、一般、般）；

(3) 本体+喻体+喻词“相似”。

可以说这是中国传统明喻方式形式最丰富的时期。

先看继承前代的传统用例：

①朔风瑞雪飘飘，暖阁红炉，酒泛羊羔。如飞柳絮，似舞蝴蝶，乱剪鹅毛。（元·刘秉忠《双调·蟾宫曲》）

②丑如驴，小如猪，《山海经》检遍了无寻处。遍体浑身都是毛。我道你有似个成精物，咬人的笤帚。（元·王和卿《双调·拨不断·长毛小狗》）

③山旖旎妖妍如西子，水回环妩媚似杨妃。（元·睢玄明《般涉调·耍孩儿·咏西湖》）

④有声，如吹埙篪，如过雨，又如水激崖石，或如铁马驰骤。（明·刘基《松风阁记》）

⑤悬石参差，若人形，若鸟翼，若兽吻，若肝腑，若疣赘，若悬鼎，若编磬。（明·薛瑄《游龙门记》）

⑥眼光闪烁，好似灶底双灯，口角丫叉，就如屠家火钵。（明·吴承恩《西游记》）

⑦觉身摇摇然不似榻上，开目则在云气中，周身如絮。惊而起，晕如舟上，踏之软无地。仰视星斗，在眉目间。遂疑是梦。细视星嵌天上如莲实之在蓬也，大者如瓮，次如瓿，小如盎盂……拨云下视，则银河苍茫，见城郭如豆。（清·蒲松龄《聊斋志异·雷曹》）

新出现的加缀比喻助词的用例：在明喻中尚有喻体后附比喻助词“如……相似”“如（若）……一般”“如（若）……似的”一类形式。这类用法本始见于唐宋佛教典籍，用例不多。至元明清则常见，这种用法也见于现代，故可视为古今过渡形式。

⑧约行了数里望见一座松林，如火云相似。（明·冯梦龙《警世通言·赵太祖千里送京娘》）

⑨出药二粒，如鸡豆般，其色正红。（明·冯梦龙《金明池吴清逢爱爱》）

⑩低头看去，谁知那明湖业已澄净的同镜子一般。（清·刘鹗《老残游记》）

⑪那雪越发下得大了，站在房门口朝外一看，只见大小树枝，仿佛都用簇新的棉花裹着似的。（清·刘鹗《老残游记》）

⑫只见不远前面就是一片高山，象架屏风似的，迎面竖起。（清·刘鹗《老残游记》）

⑬刘姥姥只听见咯当咯当的响声，很似打罗筛面的一般，不免东瞧西望的。（清·曹雪芹《红楼梦》）

⑭正发呆时，徒听得“当”的一声，又若金钟铜磬一般。（清·曹雪芹《红楼梦》）

明喻尚可将喻词“相似”置于句末：

⑮……合家童仆奉承他是新主管，担东送西，摆得一室之中，锦片相似。（明·冯梦龙《警世通言·唐解元一笑姻缘》）

⑯西门庆见他胳膊儿瘦得银条相似。（明·兰陵笑笑生《金瓶梅》）

出现现代最常用的“像”作喻词。在白话文体中出现“像”作喻词，萌芽于这一时期，后来成为现代明喻中最常用的喻词，如：

⑰五脏六腑里，像熨斗熨过，无一处不伏贴；三万六千个毛孔，像吃了人参果，无一个毛孔不畅快。唱了十数句之后，渐渐地越唱越高，忽然拔了一个尖儿，像一线钢丝抛入天际……仿佛有一点声音从地底下发出。这一出之后，忽又扬起，像放那东洋烟火电厂，一个弹子上天，随化作千百道五色火光，纵横散乱。（清·刘鹗《老残游记》）

（二）明喻略式无变化

明喻略式在这时期极少使用，形式与功能也无大变化，略举一二。

①好马不备双鞍，/烈女不更二夫。（元·关汉卿《窦娥冤》）

②鹪占一枝，及笑鹏心奢侈；兔营三窟，转嗤鹤垒高危。/智小者不可以谋大；趣卑者，不可与谈高，信然矣。（明·洪应明《菜根谭》）

（三）隐喻用"为"以及现代出现最常用的"是"为喻词

这一时期隐喻形式主要是以"为""是"作喻词，而文言文中的判断句很少作隐喻形式。

①我是个蒸不烂、煮不熟、槌不扁、炒不爆、响当当一粒铜豌豆。（元·关汉卿《不伏老》）

②云气骤变，峰屿尽改……或为鸥，或为伏虬，为虎豹者不一。（明·王世贞《海游记》）

③方夫春风扇和，溪水乍绿，仙葩烂漫，蒸为红霞。（明·江盈科《桃花洞天草引》）

④城隍南面坐，唤人犯上，执籍呼名。呼已，并令以利斧斫去将指（大拇指），乃以墨朱各涂两目，游市三周讫。押者索贿而后去其墨朱，众皆赂之，独周不肯……押者指之曰："汝真铁豆，炒之不能爆也！"（清·蒲松龄《聊斋志异·王大》）

（四）借喻无变化

这一时期借喻用量很少，与前代比无大变，略举二例。

①玉龙高卧一天秋，宝镜春光透。昨斗阑干雨晴后，绿悠悠，软风吹动玻璃皱。（元·盍西村《市桥月色》）

例①玉龙指桥，宝镜指月，玻璃喻湖水。

②曩所授，乃《黄庭》之要道，仙人之梯航。（清·蒲松龄《聊斋志异·白于玉》）

例②梯航喻途径。

（五）定中喻产生加缀比喻助词的新形式

定中结构的比喻在元明清时代产生了变化，出现了在充当定语的喻体后附加比喻助词“般”“一般”“似”“相似”之类的新形式：

1. 定中喻传统形式

①作闲人，向沧波濯尽利名尘。（元·卢挚《殿前欢》）

②玉雪丰姿，珠玑咳唾，锦绣心肠。（元·鲜于必仁《折桂令·李翰林》）

③却说公子进了书院，清清独坐，只见满架诗书，笔山砚海。叹道：“书呵！相别日久，且是生涩。欲待不看，焉得一举成名，却不辜负了玉姐言语；欲待读书，心猿放荡，意马难收。”（明·冯梦龙《警世通言·玉堂春落难逢夫》）

④一人出，年二十余，貙目蜂腰。（清·蒲松龄《聊斋志异·田七郎》）

上列用例都为定中喻的传统形式。例①“利名尘”言名利如尘土污染心灵；例②言丰姿如玉雪，咳唾如珠玑，心肠如锦绣；例③“笔山砚海”言笔如山，砚中墨如海。“心猿”言心如猿猴不可片刻静止，“意马”言心如奔马；例④“貙目蜂腰”言目如凶兽，腰似黄蜂。

2. 加缀助词的定中喻新形式

①梳着个霜雪般白鬏髻，怎将这云霞般锦帕兜？（元·关汉卿《窦娥冤》）

②笋芽儿般后生，遇着花朵儿女娘。（明·冯梦龙《警世通言·金明池吴清逢爱爱》）

③龙颜尽变改，失却紫玉似颜色。（《刘知过诸宫调》十二［大石调·玉翼蝉］）

④把山海似深恩掉。（《董解元西厢》二［黄钟调·侍香金童·尾］）

⑤谁知那妇人见了这粉团相似小官，恨不得一口水吞在腹内。（明·烟水散人《桃花影》）

例①至例⑤都是新形式的定中喻。例①“霜雪般白鬏髻”言发髻已全白如霜雪，“云霞般锦帕”言包头的头巾像云霞般耀眼；例②“笋芽儿般后生”像刚抽芽的竹笋般年少；例③“紫玉似颜色”言面部气色如紫玉；例④“山海似深恩”言其恩如山之重，如海之深；例⑤“粉团相似小官”言少年娇嫩如粉团。

以上几例有一共同特征：在充当定语的喻体之后加缀了“般”“似”“相似”等表比喻的助词。

（六）状中喻产生加缀比喻助词的新形式

状中结构比喻在传统方式基础上，产生了在状语（喻体）后附加比喻助词的新形式。

1. 传统形式

①见一巨物来，亦类夜叉状，竟奔入洞，踞坐鹗顾。（清·蒲松龄《聊斋志异·夜叉国》）

②女见狐捧头鼠窜而去，自是遂安。（清·蒲松龄《聊斋志异·农人》）

2. 新形式

①逗猴儿似汤那几棍儿。（《金瓶梅词话》第73回）

②插烛也似磕下头去。（《金瓶梅词话》第58回）

元明清时期除上述六大类比喻外，在元曲中还有省略动词的比喻用例，因唐宋诗词中已有此用法，故略去，放置于“比喻与文体分布”部分介绍。

二　比喻的文体分布

比喻在元明清时代最为突出的变化出现在小说类叙事文学及散文中，同时比喻形式的变化在文言与白话中又有区别，这里重点分析散文与小说中的比喻情况。

(一) 散文中大量使用博喻

元明清散文的比喻与前代有明显不同：在功能上说理功能减弱，元明清代学人理论著述受宋元理学学术风格影响，已不大用比喻。但元明清代散文中以喻用作写景状物的却呈空前状，且特别好用博喻手段。如：

①有声，如吹埙篪，如过雨，又如水激崖石，或如铁马驰骤，剑塑相磨戛；忽又作草虫鸣切切，乍大乍小，若远若近，莫可名状。(明·刘基《松风阁记》)

②蕉静也，雨动也，动静戛摩而成声。声与耳又能相入也，迨若匝匝滔滔，剥剥滂滂，索索淅淅，床床浪浪；如僧讽堂，如渔鸣榔；如珠倾，如马骧。得而象之，又属听才之妙矣。(明·沈周《听蕉记》)

上两例摹鸟声音都以博喻形式来表现声音的各种变化，这种摹写在前代多见于诗歌而少见之于散文。再如：

③二汤者，本邵人，以九、十行称，孪生姊妹出。态度则杨柳晚风，容华若芙蕖晓日……朱大，苏州人，身体弱小……髻发如云，明眸似水。(清·珠泉居士《续板桥杂记·丽品》)

此例是人物外貌描写，以比喻描绘外貌在清代相术书籍中最为集中。如《相理衡真》：

④赤色如丝在命宫，或起点如麻者，主三年公讼，重则囚禁。黑气如枯炭者，主死，青色如铜青，主半年之内祸至……

⑤目如卧弓，必定奸雄。眼如羊目，相刑骨肉。眼如蜂目，恶死孤独。目如斗鸡，恶死无疑。目如蛇睛，狼毒孤刑……

⑥鼻似截筒，衣食丰隆。鼻如悬胆，家财巨万……鼻如鹰嘴，剐人脑髓……口如吹火者，孤贫；狗口者贫，下如鼠口狭者，无衣禄……（齿）如白玉高贵，如银瓶清职，如石榴子福禄，如剑坛者贵寿，如粳米者年高。

散文中的比喻基本采用传统形式，没有变化。

（二）小说大量出现新的比喻形式

这一时期是小说的成熟期，不论是文言小说还是白话小说都达到了古代文学史的最高峰，比喻的运用也远比历史上的叙事文学要丰富得多。在小说的比喻使用中，文言与白话又有明显的区别。

文言小说的比喻沿用历史上的旧形式，如前文所列举《聊斋志异》用例，故文言用例此处略去。白话小说吸收了当时口语特点，在表现形式上不断出现新的变化，在比喻中使用比喻助词“似的”“相似”“般”等，新的比喻形式主要出现在小说中。如：

①那贲四在席上终是坐不住，去了又不好，如坐针毡相似。（明·兰陵笑笑生《金瓶梅》）

②一见心中犹如刀割相似。（明·兰陵笑笑生《金瓶梅》）

③一个汉子的心，如同没笼头的马一般。（明·兰陵笑笑生《金瓶梅》）

④两个打得一似火炭般热。（明·兰陵笑笑生《金瓶梅》）

⑤谁知那明湖业已澄净的同镜子一般。（清·刘鹗《老残游记》）

⑥那雪越发下得大了，站在房门口朝外一看，只见大小树枝，仿佛都用簇新的棉花裹着似的。（清·刘鹗《老残游记》）

白话小说的比喻除在形式上附着有比喻助词外，句型也更灵活，可长可短，因为白话的比喻是用口语，如同平时讲话，语言形式远较文言自由。如下例：

⑦王小玉便开启朱唇，发皓齿，唱了几句书儿。声音初不甚大，只觉入耳有说不出来的妙境：五脏六腑里，像熨斗熨过，无一处不伏贴；三万六千个毛孔，像吃了人参果，无一个毛孔不畅快。唱了十数句之后，渐渐的越唱越高，忽然拔了一个尖儿，像一线钢丝抛入天际，不禁暗暗叫绝。那知他于那极高的地方，尚能回环转折，几啭之后，又高一层，接连有三四叠，节节高起。恍如由傲来峰西面，攀登泰山的景象：初看傲来峰顶，才见扇子崖更在傲来峰上，及至到扇子崖，又见南天门更在扇子崖上：愈翻愈险，愈险愈奇。

那王小玉唱到极高的三四叠后，陡然一落，又极力骋其千回百折的精神，如一条飞蛇在黄山三十六峰半中腰里盘旋穿插，顷刻之间，周匝数遍。从此以后，愈唱愈低，愈唱愈细，那声音渐渐地听不见了。满园子的人都屏气凝神，不敢少动。约有两三分钟之久，仿佛有一点声音从地底下发出。这一出之后，忽又扬起，像放那东洋烟火电厂，一个弹子上天，随化作千百道五色火光，纵横散乱。(清·刘鹗《老残游记》)

以上这段通感性的比喻语言形式收放自如，有的喻体是一个长长的语段，因而喻体在内容上也极为丰富细致。这种用例在元明清之前的小说或传记文学中不可能出现。

(三) 散曲中的比喻形式自由化、喻体俚俗化

元代的散曲是诗歌，但运用比喻无论在形式上还是风格色彩上均与唐诗宋词大相异趣。唐诗宋词形式限制很严，句子长度、篇章规模都有严格限制。而元代的散曲形式上就是“散”，虽亦有定制，但自由度大得多，且从两方面说明元曲运用比喻的特点。

(1) 较自由的语言形式，句子比唐宋诗词自由灵活。如：

①我是个蒸不烂、煮不熟、槌不扁、炒不爆、响当当一粒铜豌豆。(元·关汉卿《不伏老》)

此处喻体部分有双重修饰。为何是“铜豌豆”呢？喻体之后又附上

喻解，对喻体成立的原因进行解释说明：

②恁子弟每谁教你钻入他锄不断、斫不下、解不开、顿不脱、慢腾腾千层锦套头。我玩的是梁园月，饮的是东京酒；赏的是洛阳花，攀的是章台柳。我也会围棋、会蹴鞠、会插科、会歌舞、会吹弹、会嚥作、会吟诗、会双陆。你便是落了我牙、歪了我嘴、瘸了我腿、折了我手，天赐与我这般儿歹症候，尚兀自不肯休。则除是阎王亲自唤，神鬼自来勾；三魂归地府，七魄丧冥幽。天哪，那其间才不向烟花路儿上走！（元·关汉卿《不伏老》）

这后一段以一长长的句群对喻体进行说明，使人理解何以称为“铜豌豆”。像这种复杂的语法形式在唐诗、宋词中是无法出现的。

（2）喻体内容生活化、俚俗化。

在传统文学性比喻特别是诗歌及文言小说、散文集中，喻体都虽选雅洁词汇，喻体物象多用雅致事物，而在元曲中喻体事物有时生活化，甚至有时即便是不洁之物甚至丑陋、低俗之物，也能用作喻体。

①丑如驴，小如猪，《山海经》检遍了无寻处。遍体浑身都是毛。我道你有似个 成精物，咬人的笤帚。（元·王和卿《双调·拨不断·长毛小狗》）

②春云巧似山翁帽，古柳横为独木桥。（元·卢挚《帽·喜春来》）

这些喻体都是生活中的习见之物，这反映出文人生活情趣世俗化的倾向。用词也是口语白话，这在历史上是没有的。

第二节　元明清比拟辞格

元明清三代比拟没有实质性变化，此时的比拟仍集中于诗歌体裁中，因之我们选用一定数量的诗歌作品作观察对象。所选有：《全元散曲简编》[1]（选曲1063首、套数161套）、《全清词鉴赏词典》[2]（选词900余首）。上列词典选都是选自名家名作，有一定的代表性（明代文学以散文为代表，因之明代没有选诗）。

由于元明清三代基本与唐宋没变化，我们仅将当时的典型类型列出，以使读者掌握比拟演变的全貌。

一 动作性拟人持续使用

元曲用例：

①向人娇杏花，扑人衣柳花，迎人笑桃花。（元·马致远《双调·新水令·题西湖》）

②苦尽甘来，花也喜欢，山也相爱。（元·张养浩《中吕·普天乐》）

③蛛丝网落花，也要留春住。（元·薛昂史《双调·楚天遥对清江引》）

④春若有情应解语，问着无凭据。（元·薛昂史《双调·楚天遥对清江引》）

例①花可“向人娇”、可有意“扑人衣”、可“迎人笑”，无情之物皆有情；例②自己的命运改变了，身边的山与花也都高兴了；例③蛛丝本是自然物，没有情志，但它也要网住落花，留住春天；例④春天本是抽象事物，此处言其“若有情”则须“解语”。

清词用例：

⑤寒月多情怜远客，长伴我，滞幽州。（清·徐灿《唐多令·感怀》）

⑥流莺枝上不曾啼，知君肠断时。（清·佟世南《阮郎归》）

⑦燕子多情，衔泥故向帘前过。年年多病似伤春，料亦春怜

---

① 隋树森选编：《全元散曲简编》，上海古籍出版社1995年版。

② 贺新辉主编：《全清词鉴赏辞典》，中国妇女出版社1996年版。

我。（清·贺洁《烛影摇红》）

⑧想杜鹃声里人何处？春山也，留君住；秋山也，留君住……纵叮咛燕子浑无据！春江也，随君去；秋江也，随君去。（清·董元恺《酷相思·两江代内》）

⑨君不见，香桃自笑，风桐自哭。（清·杨芳灿《满江红》）

⑩有人（指菊影）斜倚阑干角，荡一片，伤秋情绪，怅十分，瘦尽秋容。化出倩魂如此。（清·陈克劬《疏影·菊影》）

例⑤月多情而有意相伴；例⑥树上黄莺知人痛苦而不鸣叫；例⑦燕子多情，抽象之物“春天”也，同情多病之身；例⑧春山、秋山、春江、秋江都具有人的意志；例⑨香桃、风桐，可笑、可哭；例⑩直接将菊影当人，言“有人斜倚阑干角”。

二　虚物拟物沿用

元曲中发现四例：

①画船开，红尘外，人从天上载得春来。（元·张养浩《大明湖泛舟》）

②洞壶中，红尘外，友从江上，载得春来。（元·张养浩《中吕·普天乐》）

③糟腌两个功名字，醅渰千古兴亡事，曲埋万丈虹霓志。（元·范康《仙吕·寄生草·酒色财气》）

④画船儿载不起离愁。人到西陵，恨满东州。（元·张可久《西陵送别》）

再看清词中的拟物：

⑤落花惊鸟去，飞絮滚愁来。（清·叶小纨《临江仙》）

⑥一片花含一片愁，愁随江水不东流。（清·屈大均《浣溪沙》）

⑦寄愁天上，碧落青霄平似掌。石破多时，散作春檐夜雨

丝。/埋忧地下，移却南山成旷野。根蔓牵萦，又逐郊原春草生。（清·史惟国《减字木兰花·暮冬杂咏》）

例⑦愁与忧可寄于天，埋于地，化为雨丝春草。

⑧眼下雨，肩头事，怕愁重如春担不起。侬去也，心应碎！（清·邓廷桢《酷相思·寄怀少穆》）

三　散文多沿用超句动植物拟人

元明清三代散文类作品（含小说）中，并没有产生新的比拟方式，仍是承袭先秦以来的传统，以超句的动植物拟人故事为比拟的基本形式。用量虽大，实无变化，今略举几例。

①凤凰寿，百鸟朝贺，惟蝙蝠不至。凤责之曰："汝居吾下，何踞傲乎？"蝠曰："吾有足，属于兽，何以贺为？"麒麟生诞，蝠亦不至。麟亦责之。蝠曰："吾有翼，属于禽，何以贺为？"麟凤相合，语及蝙蝠之事，互相慨叹曰："如今世上恶薄，偏生此等不禽不兽之徒，真个无奈他何！"（明·冯梦龙《笑府·蝙蝠》）

②麻雀一日请翠鸟、大鹰饮宴。雀对翠鸟曰："你穿这样好鲜明衣服的，自然要请上席坐。"对鹰曰："你虽然大些，却穿这样坏衣服，只好屈你下席坐。"鹰怒曰："你这小人奴才，如何这样势力？"雀曰："世上哪一个不知我是心肠小、眼眶浅的么？"（清·石成金《笑得好》）

第三节　元明清讽喻：讽喻俚俗化时期

一　元明清讽喻与社会文化

（一）王朝衰落之时社会矛盾空前激烈

元明清三代是中国封建社会黑暗的时期，这三代的统治者多喜欢施行暴政，政风也极其腐败，在王朝兴盛之时，有些社会矛盾尚未爆发，而到王朝由盛转衰之后，各种社会矛盾得以爆发。以元代为例，元代本是由落后游牧民族入主文化先进的中原大地，元人对汉人一开始就极为歧视，在民族政策上将人分国四等：蒙古人、色目人、汉人、南人（南方汉人）；同时文化落后的蒙古贵族极为防范汉地知识分子，对文人极为歧视，压低他们的社会地位，长期废除科举。不起用汉人知识分子。元末明初的刘基在《郁离子》中描写汉人才俊之士不得赏识的精神苦闷：

①郁离子之马孳得駃騠焉。人曰："是千里马也。必致渚内厩。"郁离子悦从之。至京师，天子使太仆阅《方贡》曰："马则良矣。然非冀产也。"置之于外牧。（元末明初·刘基《郁离子·千里马》）

明知是千里马而不用，只因马的产地不是冀州，这是影射蒙古贵族歧视汉地才俊。

此外，元末官吏的贪婪、残暴也是令人发指的。元末明初的宋濂有很多作品反映出很多元代人吃人的现象《龙门子凝道记·观鱼微》中讲述："河当屡渔之后，鱼大者长径指耳。""干戈万里，<u>掠人为粮，甚或载盐尸以行</u>。生民之类，不绝如缕，而况于鱼乎？"由竭泽而渔联想到百姓之苦，杀了人用盐腌着吃亘古未闻。

明建国百余年间，社会安定，社会矛盾也不太激烈，但至万历年间，社会背景发生显著变化，政治腐败，皇帝荒淫，党争不断，饥民遍野，其间江盈科大胆上疏朝廷，指出："明王朝已经'自盛而之衰'"(《中兴疏》)，此外他还多次上疏陈言皇帝宠信宦官，朝廷对人民剥削过重。这种激烈的社会矛盾，导致文人学士们大量运用讽喻手法对社会的黑暗面予以讥讽和揭露。所以明代的讽喻作品多出现于万历之后，如江盈科、赵南星、冯梦龙都是万历之后重要的讽喻性笑话的作者。

明代宦官专政之祸在历史上是有名的。以明成祖始，宦官之权登峰造极：宦官拥有出使专征、监军、刺探臣民情报等大权，宦官可以凭借特权对正直的官吏、士大夫阶层进行迫害，社会上有识之士对宦官专政深恶痛绝。明人陆灼在其《艾子后语》中以辛辣的语言讽刺了这一极其反常的现象：

②艾子畜羊两头于囿。羊牡者好斗，每遇生人，则逐而触之。门人辈往来，甚以为患。请于艾子曰："夫子之羊，牡而猛，请得阉之，则降其性而驯矣。"艾子笑曰："尔不知今日无阳道的更猛些。"（《艾子后语·牡羊》）

这里作者将横行的宦官喻作无阳道的畜生，可见其情绪之愤激。

政治的腐败、社会的黑暗主要反映在吏治的腐败。清代末年的官场腐臭不堪，吴趼人的《俏皮话》以辛辣的笔触，激愤的情绪讥讽了清末的官场，骂他们是蛆虫蛇鼠。如：

③冥王无事，率领判官鬼卒等，游行野外，见粪坑之蛆，蠕蠕然动，命判官记之，曰："他日当令此辈速生人道也。"判官依言记于簿上。又前行见棺中尸蛆，冥王亦命判官记之，曰："此物当永堕泥犁地狱。"冥王曰："粪蛆有人弃我取之义，廉士也，故当令往生人道。若尸蛆则专吃人之脂膏血肉者。使之为人，倘被其做了官，阳间的百姓，岂不受其大害么?"判官叹曰："怪不得近来阳间百姓受苦，原来前一回有一群尸蛆，逃到阳间去了。"

当朝官吏在作者眼中无非是一群吸民膏血的蛆虫，比屎蛆还坏。

再如：

④玄武上帝座下，龟蛇二将，相聚闲谈。蛇曰："我甚想捐一功名去做官。"龟笑曰："看你那副尊容，是个光头把戏，看你那身子，就犹如光棍一般，如何做得官?不如学我缩头安分点罢。"蛇曰："你有所不知，你看如今世上，做官的那一个不是光棍出身?至于光头把戏，更不用说了。倘使不是光头把戏，顶子如何钻得红?……且待我捐了功名，钻了路子，刮着地皮，再来学你缩头的法子未迟。"（《俏皮话·蛇想做官》）

在作者的笔下，官吏无非是毒蛇、乌龟，未得官时的光棍手段像蛇一样钻营，当官以后处处自保，不能任事，做缩头乌龟。

（二）王朝衰落之时，统治力量削弱，文禁相对松弛

元明清三代在其初年和盛期未能出现大规模的讽刺性讽喻，与这三个时代在建国之初严酷的文禁有关。这三个朝代的文化专制都是空前的。元代是蒙古贵族统治，对汉人，尤其是对汉人的读书人严加防范。这在上文对刘基讽喻作品《郁离子》的介绍中已表述明白，再谈其他两个朝代。

明代开国君主朱元璋在历史上是以残暴和思想控制严厉出名的。他与陈友谅作战时血洗湖南，又在对徐寿辉作战时血洗湖北东部黄冈巴水流域；即位后又大肆杀戮功臣，丞相胡惟庸案杀官吏三万多人，大将军蓝玉案又株连一万五千多人，他对全国实行特务统治，设立锦衣卫，对全国臣民的思想言论进行监控，大兴文字狱，文人往往无端被杀，且其刑罚又特别残酷，有凌迟、剥皮实草等酷刑，其时言论极不自由，据《明大正纂要·卷六》所载："军民一切利病，并不许生员建言。"言路堵塞，士人自然不便开口，直至明代中期统治力量削弱，士民才能以讽喻的方法委婉达意。

清军入关后，以少数民族统治人数众多的大汉族，利用威慑的方式，以极其残暴的手段使汉人屈服。正如戴逸在《千古文字狱——清代纪实》序言中所论："清代文字狱最为残酷，最为荒唐……文网之密，文学狱数量之多，规模之大，株连之广，治罪之严酷，都达到了历史上前所未有的程度。"清代在其初期和中期就是以文化恐怖主义手段来压制言论、控制士人思想的，如龚自珍诗："避席畏闻文字狱，著书都为稻粱谋。"文人处境十分可悲，据历史记载，清代大型文字狱在其初顺治至康熙八十年间有二十二起大狱。顺治十八年（1616）庄廷鑨明史案株连一说"杀七十余人"一说"名士伏法者二百二十一人"。有名的南北"逆书"案株连全国七百多人，全国名士尽在罗网之中。清代至雍正更甚，雍正（1723—1735 年）在位十二年大型文字狱二十多起。号为清代盛世的乾隆帝时代，乾隆在位六十年间文字狱一百三十余起，

平均每年有两起大型文字狱①。

这种情况下，整个清代初中期文人都噤若寒蝉，不敢有对时下朝政置半言，有所讥刺者都不涉及朝政，不涉及官府。只是讽刺民间的恶习、人性中的丑恶。如清初石成金《笑得好》中多讽刺世人的伪善、贪婪、吝啬等不良品德。

当然有不满必多少有表露，清初文人如对朝政不满，可以骂前朝，这也可称指桑骂槐。如：

> 明弘治间，仁和尹居官颇不职，时猎者获一虎，士林中阿谀者从而贺诗，以为政治之效。有士人俞珩者，作口号嘲之曰："虎告相公听我歌，相公比我食人多，若公今日行仁政，我已双双北渡河。"一时传诵称绝。（清·赵恬养《古今流传博雅集》）

明写明代官凶胜虎，暗中写清人入关比虎残暴。

清代最有影响的讽喻创作都是在晚清，晚清王朝自身难保之时，文网自然松弛一些。这时往往出现大量大胆的、直接针对时弊的讽喻作品。如清末吴趼人《俏皮话》《新笑林广记》《新笑史》都是在文禁松弛的背景下出现的直接剑指满清王朝最高统治阶层的讽刺作品，且当时的作品有明显受西方思想影响的倾向，如《俏皮话》中的《民权之现象》《思想之自由》就是明显地讽刺中国及公民权只存官权，讽刺中国极少有思想自由。以吴趼人在他的讽喻作品中的大胆表现，在清代的顺治至乾隆这几个时期恐怕早就被杀。

所以，元明清三代讽喻作品的高潮期都出现在王朝末期，是在统治者自顾不暇、王朝即将灭亡、文禁松弛的背景下产生的。

（三）市民阶层的兴起与讽喻作品俚俗化

元明清时代的讽喻与唐宋时期比，在风格上大不一样，唐宋讽喻多为艺术化散文，而元明清则多为笑话，这与市民阶层兴起有极大的关系，市民社会有自己的审美习惯，市民阶层是一个文化水准不高的阶层，同时又是一个较为富有、追求享乐的阶层，文化产品对他们来说仅

① 杨凤城：《千古文字狱——清代纪实》，南海出版公司 1992 版。

限消费品，因之，说唱艺术、元明杂剧、散曲、白话小说这些不为贵族阶层所接纳的通俗艺术形式，在民间有广阔的天地。笑话创作也达到历史的最高峰。此时，90%左右的讽喻是以笑话为载体的。

在下文“讽喻与文体”一节，我们将介绍元明清时代笑话中的讽喻作品。

二 讽喻的类别

(一) 按喻体性质划分

1. 世情故事类讽喻

元明清三代讽喻，世情故事为喻体者甚多，约占总量的十分之七。

①瓠里子自吴归粤。相国使人送之曰：“使自择官舟以渡。”送者未至。于是舟泊于浒者以千数，瓠里子欲择之而不能识。送者至，问之曰：“舟若是多也，恶乎择？”对曰：“甚易也，但视其蔽蓬折橹而破帆者，即官舟也。”从而得之。瓠里子仰天叹曰：“今之治政其亦以民为官民与？则爱之者鲜。宜其敝也。”（元末明初·刘基《郁离子》）按：元末官吏全不将国计民生放在心上，就像官船无人照看一样。

注意：刘基虽为元末明初人，但其《郁离子》反映的是元代生活状况，作品写于元代，可算元代作品。

②昔人有睹雁翔者，将援弓射之，曰：“获则烹。”其弟争曰：“舒雁烹宜，翔雁燔宜。”竞斗而讼于社伯。社伯请剖雁烹燔半焉。已索雁，则凌空远矣。今世儒争异同，何以异是。（明·刘元卿《应谐录》）

③一市人贫甚，朝不谋夕。偶一日拾得一鸡卵，喜而告其妻曰：“我有家当矣。”妻问：“安在？”持卵示之曰：“此是。然须十年，家当乃就。”因与妻计曰：“我持此卵，借邻人伏鸡乳之，待彼雏成，就中取一雌者；归而生卵，一月可得十五鸡，两年之内鸡又生鸡，可得三百鸡，堪易十金。我以十金易五，又生，三年可得

二十五牛；所生者又复生，三年得百十牛，堪易三百金矣。吾持此金举债，三年间，半千金可得也。就中以三之二市田宅，以三之一市僮仆、买小妻，我乃与尔优游以终余年，不亦快乎?”妻闻欲买小妻，怫然大怒，以手击鸡卵碎之，曰：“勿留祸种!”……嘻!州之妄意早计，希图非望者，独一算计鸡卵之人乎?（明·江盈科《雪涛小说·妄心》）

例①以官船无人看顾喻元末官吏根本不将国计民生放在心上；例②两兄弟为烹雁、烤雁无聊争论，结果雁飞走了，此喻文人是非之争，毫无意义；例③一人因偶然捡一鸡蛋而产生荒唐的发财联想，此讽刺痴愚之人的贪婪念头。

④一人问造酒之法于酒家。酒家曰：“一斗米，一两曲，加二斗水，相参和，酿七日，便成酒。”其人善忘，归而用水二斗，曲一两相参和，七日而尝之，犹水也。乃往诮酒家，谓不传与真法。酒家曰：“可有米么?”其人伏首思曰：“是我忘记下来。”噫，并酒之本而忘之，欲求酒，及于不得酒，而反怒教之者之非也；世之学者，忘本逐末，而学不成，何以异于是。(明·江盈科《雪涛谐史》)

⑤有曾为县令者，既罢职，乃至上海。见新学家每每叙谈民权自由之说曰：“泰西强国，莫不重民权，惟中国无之，此中国百姓之所以苦也，亦中国国势之所以积弱也。”此罢职之县令，瞠目而视曰：“汝等不讲官权，专讲民权，叫汝等去做几天官，才知道这个难处呢。且中国何尝无民权，只怕中国的民权，比外国还厉害呢。”众问中国之民权安在?对曰：“我做知县时，有一班抗粮的顽户，凭你比煞（比，庀，治理；煞，严厉）。他总不肯来完钱粮，你说他的权大不大?”（清·吴趼人《俏皮话》）

例④酿酒不加米，反责怪老师未教好。以此讽刺当世学者忘本逐末；例⑤借一退职县令之口表现清朝政府害怕人民有民权。

2. 拟人故事类讽喻

元明清三代的讽喻，元明时期多世情故事作喻体，而清代则多拟人故事作喻体。

①楚有养狙以为生者，楚人谓之狙公。旦日，必部分众狙于庭，使老狙率以之山中求草木之实，赋什一以自奉；或不给，则加鞭箠焉。群狙皆畏苦之，弗敢违也。一日，有小狙谓众狙曰："山之果，公所树与？"曰："否也，天生也。"曰："非公不得而取与？"曰："否也，皆得而取也。"曰："然则吾何假于彼而为之役乎？"言未既，众狙皆寤。其夕，相与伺狙公之寝，破栅毁柙，取其积，相携而入林中，不复归。狙公卒馁而死。（元末明初·刘基《郁离子·瞽聩》）

②五台山有鸟，名寒号虫。四足，肉翅，不能飞，其粪即五灵脂。当盛暑时，文采绚烂，乃自鸣曰："凤凰不如我。"此至深冬严寒之际，毛羽脱落，索然如雏。遂自鸣曰："得过且过。"

嗟夫！世之人中无所守者，率不甘湛涪（沉浮）乡里，必振拔自豪。求尺寸名，诧九族侪类，则便志满意得，出肆入扬，以为天下无复我加矣；及乎稍遇贬抑，遂若丧家之狗，垂首帖耳，摇尾乞怜，惟恐人不我恤，视寒号虫何异哉？可哀矣！（明·陶宗仪《辍耕录》）

③鸲鹆之鸟，出于南方。南人罗而调其舌，久之，能效人言。但能效数声而止，终日所唱，惟数声也。蝉鸣于庭，鸟闻而笑之。蝉谓之曰："子能人言，甚善。然子所言者，未尝言也。曷若我自鸣其意哉！"鸟俯首而惭，终身不复效人言。今文章家窃摹成风，皆鸲鹆之未惭者耳。（明·庄元臣《叔苴子》）

④龙为百虫之长，一日发令，查虫中有三个名的，都要治罪。蚯蚓与蛆，同去躲避，蛆问蚯蚓："你如何有三个名？"蚯蚓曰："那识字的，叫我为蚯蚓；不识字的，叫我为曲蟮；乡下愚人，又叫我做寒现：岂不是三个名？"蚯蚓问蛆曰："你有的是那三个名，也说与我知道。"蛆曰："我一名蛆，一名谷虫，又称我读书相公。"蚯蚓曰："你既是读书相公，你且把书上的仁义道德，讲讲与我听？"蛆就愁眉说曰："我如今因为屎攮了心窝子，那书上的仁义道德，一些总不晓得了。"

书上载的仁义道德，俱是圣贤教训嘉言，应该力行，为何不行，非屎迷心而何。予见世间不读书的，还有行仁义道德；偏偏是读书人，行起事来，说起话来，专一瞒心昧己，歪着肚肠，同人混赖，所以叫他吃屎的蛆为相公，就是此义。说之不改，变蛆无疑。（清·石成金《笑得好》）

例①此作写于元末，养猴人对猴子的残酷压榨及猴群的反抗，正是影射元朝统治者对人民的残暴压榨和人民的觉醒反抗；例②号寒虫得意时就喊“凤凰不如我”，失意时则喊“得过且过”，此喻当时操守不良之辈得意则忘形，失意则如丧家犬；例③以鸲鹆效人言讽刺写文章摹仿成风的恶习；例④借蛆之口讽刺读书人读圣贤书、行禽兽行的不良行为。

（二）按讽喻的结构划分

这一时期在讽喻的形式上仅发现明喻式讽喻，这是与唐宋不同处。

1. 受史传影响的明喻式讽喻

元明清三代讽喻在结构上与唐宋都大不相同，唐宋时期多借喻式讽喻，即多不点明喻义，同时在明喻式的讽喻中也仅仅以极简单的语言点明喻义。而元明清三代的讽喻往往好使用大段的议论文字说明喻义，且元明清有些讽喻在形式上明显吸收了历史上史传文学的特点，以“××曰”的形式发议论，正如同《左传》的“君子曰”“孔子曰”，亦如同《史记》的“太史公曰”。

①若石隐于冥山之阴。有虎恒蹲以窥其藩。若石帅其人昼夜警，日出而殷钲，日入而燎晖，宵则振铎以望。植棘树墉，坎山谷以守。卒岁虎不能有获。一日而虎死。若石大喜，自以为虎死无毒己者矣。于是弛其机，撤其备，垣坏而不修，藩决而不理。无何，有貙（亦为虎类）逐麋来，止其室之隈，闻牛羊豕之声而入食焉。若石不知其为貙也，叱之，不走；投之以块，貙人立而爪之毙。（喻体）/（本体）<u>君子谓</u>：若石知其一不知二，宜其及也。（元末明初·刘基《郁离子》）

②郑人有爱惜鱼者，计无从得鱼，或汕，或涔，或设饵笱之；

列三盆庭中且实水焉……人曰："鱼以江为命，今处以一勺之水，日玩弄之，而曰'我爱鱼，我爱鱼'，鱼不腐者寡矣。"不听，未三日，鱼皆鳞败以死。郑人始悔不用或人之言。（喻体）/（本体）君子曰："民犹鱼也。今之治民者皆郑人也哉！"（元末明初·宋濂《龙门子凝道记·观鱼》）

按：此作写于元末。

③一秀才数尽，去见阎王，阎王偶放一屁，秀才即献屁颂一篇曰："高竦金臀，弘宣宝气，依稀乎丝竹之音，仿佛乎麝兰之味，臣立下风，不胜馨香之至。"阎王大喜，增寿十年，即时放回阳间。十年限满，再见阎王。这秀才志气舒展，望森罗殿摇摆而上，阎王问是何人，小鬼说道："是那做屁文章的秀才。"（喻体）/（本体）赞曰：此秀才闻屁献谄，苟延性命，亦无耻之甚矣，犹胜唐时郭霸以尝粪而求富贵，所谓遗臭万年者也。（明·赵南星《笑赞》）

按：《笑赞》共七十二则讽喻短文都为明喻形式，每讲完一则小故事后即以"赞曰"发议论提示喻义。

例①有备无患，对虎有备，故能安全无事，对貙无备最终为其所食；例②爱鱼当全其天性，让其游于江海，爱民则当不扰民；例③以秀才献屁颂延寿，讽刺世上阿谀奉迎之徒。

2. 传统的明喻式讽喻

明清讽喻自江盈科［1555—1605年，万历二十年（1592）进士］后多为明喻式，江盈科著名的讽喻作品集《雪涛小说》共十四则讽喻全为明喻式，今略举一例。

①楚人谓虎为老虫，姑苏人谓鼠为老虫。余官长洲，以事至娄东，宿邮馆，灭烛就寝，忽碗碟砉然有声，余问故，阍童答曰："老虫。"余楚人也，不胜惊错，曰："城中安得有此兽？"童曰："非他兽，鼠也。"余曰："鼠何名老虫？"童谓吴俗相传尔耳。嗟嗟，鼠冒老虫之名，至使余惊错欲走，良足发笑。（喻体）/（本

体）然今天下冒虚名骇俗耳者不少矣：堂皇之上，端冕垂绅，印累累而绶若若者，果能遏邪萌，折权贵、摧豪强欤？牙帐之内，高冠大剑，左秉钺右仗纛者，果能御群盗、北遏虏、南遏诸彝，如古孙吴、起、翦之俦欤？骤而聆其名，赫然喧然，无异于老虫也；徐而叩所挟，止鼠技耳。夫至于挟鼠技，冒虎名，立民上者皆鼠辈。天下事不可不大忧耶！（明·江盈科《雪涛小说》）

②皇帝以猫捕鼠有功，欲封一官以酬其劳，猫力辞，不肯就职，皇帝异之，问是何意？猫曰："臣今尚得为猫，倘一经做官，则并猫都不能做矣。"皇帝不准，一定要猫去到任。猫曰："臣誓不能改节，若要到任做官，非改节不可。不然则同僚皆不能安，故臣不敢受命也。"（喻体）/（本体）皇帝问何故？猫曰："老鼠向来畏猫，而如今天下做官的，都是一班鼠辈，倘臣出身做官，一班同寅（同僚义）何以自安？"（清·吴趼人《俏皮话·猫辞职》）

例①借方言差异讽刺军阀们都为鼠技而虎名之辈；例②猫以捕鼠有功而不愿受封为官，只因官场鼠辈太多。此讽刺清代吏治腐败。

三　讽喻的文体分布

元明清三代的讽喻都是独立性的篇章，这一点继承了唐宋。但元明清的讽喻主要出现在笑话集中，以幽默的笑话故事的喻体表述作者的思想，也有少量的讽喻性的艺术散文，但不是主体。

（一）大量出现笑话性的讽喻

元明清三代是中国资本主义工商业萌芽时期，这一历史时期伴随着城市的迅速发展，产生了一个庞大的城市市民阶层，这一阶层的文化消费心理以娱乐性为主要导向，文化消费的目的主要是求快乐，为适应这一独特的文化心理，元明清三代的作家以讽喻表述自己的思想时，往往是借助笑话作喻体。

元明清的笑话多以专集出现，单篇者少。在内容上可按性质为两类：一类是以笑话，无寓意，无寄托，只供取笑而已；另一类是以笑话寄托寓意，作者存明显的讽喻目的，这可以从后人的评论及作者自己的书序中得到证实。如：

三台山人《山中一夕话·序》评曰：“窃思人生世间，与之庄言危论，则听者寥寥，与之谑浪诙谐，则欢声满座。不为无补于世。”（明·李贽《山中一夕话》）

按：这说明李贽《山中一夕话》是以謔浪诙谐之言阐述与庄言危论一样正大的有益于世的道理。

摹仿托名苏轼的《艾子杂说》而作的《艾子后语》，作品全以笑话寄托寓意，正如作者自己所作《艾子后语序》所论：“坡翁平日，始以言语文章规切时政……余幼有谑僻，有所得，必志之……纂而成篇，以附于坡翁之后；直用为戏耳，若谓其意有所寓者，则吾岂敢。”（明·陆灼《艾子后语》）

按：作者这后几句是自谦之语，作者写《艾子后语》正是“意有所寓”。

《笑赞》为明赵南生撰笑话。《笑赞题词》讲述了《笑赞》的创作目的：“可以谈名理，可以通世故。”（《笑赞题词》）

《笑得好·序列》：《笑得好》为清代石成金撰写的笑话集，作者的用意是以笑话醒人。石成金在《自叙》中言：“予乃著笑话书一部，评列警醒，令读者凡有过愆偏私，蒙昧贪痴之种种，闻予之笑，悉皆惭愧悔改，俱得成良善之好人矣。”作者还在《笑得好初集》开篇处题有序诗：“人以笑话为笑，我以笑话醒人；虽然游戏三昧，可称度世金针。”（《笑得好自叙》）按：这明显说明作者以笑话警醒世人。

从以上作品的序言和评论中可见，这些作品明显是以笑话形式针砭时弊，警醒世人。从王利器所辑《历代笑话集》中可见，元明清三代有《山中一夕话》（明·李贽）、《艾子后语》（明·陆灼）、《应谐录》（明·刘元卿）、《雪涛小说》《雪涛谐史》（明·江盈科）、《笑赞》（明·赵南星）、《笑禅录》（明·潘游龙）、《笑府》《广笑府》《古今谭概》（明·冯梦龙）、《笑得好》（清·石成金）等12部笑话全为有所寄托的讽喻作品。此外，清末吴趼人的三部笑话集《俏皮话》《新笑史》《新笑林广记》也都是讽喻作品。

除专集外，也有一些零星的讽喻之作散见于一般的笑话集中，如：

盗劫一家，其家呼以大王，将军，好汉等，皆不乐。请问欲呼何等，盗曰："可叫我老先生。"其家问以何谓，曰："我见做官的皆称老先生也。"

看来：贼，老先生也；老先生，贼也；使得称老先生，总是盗贼难免。（明·醉月子《精选雅笑·老先生》）

《精选雅笑》多数作品只是纯笑话，但《老先生》一则明显是讽喻，讥刺官史如同盗寇。

总之，元明清三代的讽喻集中于笑话中者为大多数。

（二）艺术性散文中的讽喻

元明清三代有一些艺术散文性的讽喻，不过比起笑话中的讽喻就少多了。且多见于明代，清代少见。

明代：宋濂《琴喻》、刘基《卖柑者言》、薛碹《猫说》、陆容《活鱼论》、徐芳《棘说》；清代：龚自珍《病梅馆记》。

如《卖柑者言》：

杭有卖果者，善藏柑，涉寒暑不溃。出之烨然，玉质而金色。置于市，贾十倍，人争鬻之。

予贸得其一。剖之，如有烟扑口鼻，视其中，则干若败絮。予怪而问之曰："若所市于人者，将以实笾豆，奉祭祀，供宾客乎？将炫外以惑愚瞽乎？甚矣哉，为欺也！"

卖者笑曰："吾业是有年矣。吾赖是以食吾躯，吾售之，人取之，未尝有言，而不足子所乎？世之为欺者不寡矣，而独我也乎？吾子未之思也。今夫佩虎符，坐皋比者，洸洸乎干城之具也，果能授孙、吴之略耶？峨大冠，拖长绅者，昂昂乎庙堂之器也，果能建伊、皋之业耶？盗起而不知御，民困而不知救，吏奸而不知禁，法斁而不知理，坐縻廪粟而不知耻。观其坐高堂、骑大马，醉醇醴而饫肥鲜者，孰不巍巍乎可畏，赫赫乎可象也？又何往而不金玉其外，败絮其中也哉？今子是不察，而以察吾相！"

作者为元末明初之人，讥讽的是元代末年官场腐败无能，如同金玉其外、败絮其中的烂柑子。此是一篇极为精美的艺术散文，被选入《古文观止》，行文简古，辞采典重，有所寄托而不露痕迹。

清代龚自珍的《病梅馆记》也如同此作，是历史上的散文名篇。

第五章　现当代喻类辞格

现当代是喻类辞格的疾变期，这个时代的变化比哪个时期都大。

第一节　现当代比喻：比喻突变时期

现当代是修辞现象的突变时期，比喻作为最常用的修辞格，在这一时期有极其重大的变化。在形式上现代比喻更自由、更多样；在比喻的内容——本体与喻体关系上，比喻变得更主观化，相似点变得更模糊，本体与喻体间内容的差别更大。比喻更凸显个性而不强调社会的共性。同时在分布上比喻在各种文艺语体中的使用面更广。

一　比喻的形式

（一）明喻以“像”为喻词是最典型形式

明喻最大的变化是喻词的变化。现当代明喻的喻词以“像”为主，可以说现当代明喻90%以上是由“像”作喻词的。“像”是口语化的现代文体的明喻标志，而其他的喻词则有：如类（如、宛如、犹如、有如）、若类（若、宛若）、仿佛——这些都是历史的遗存，是历史上明喻喻词在今天的使用。这些历史的遗迹是偶尔在现代文中出现的。此外，现当代明喻还偶用“好比”之类作喻词，用量极少。同时，现当代明喻还继承了元明白话文的习惯将比喻助词“一般”“一样”与明喻配搭，形成“像……一般”“像……一样”“像……似的”之类的形式。

为了说明现当代明喻的典型形式和非典型形式，我们特将几种喻词在几部作品中的用量作了统计。

作者	作品	喻词		说明
		像	若、如、似、仿佛等	
邱华栋	白昼的浮动	16	5	犹如2例，如同3例
陈染	沙漏街的卜语	21	2	
陈染	嘴唇里的阳光	13	7	
水果	爱情网事	11	2	

用例如下。

1. “像”为喻词类

①长安街就像一根粗大的血管，输送着这座城市的人流、物流和信息流永远不会停息。(邱华栋《花儿花》)

②在中国的一条街的上空/飞过大片的铃声/像一群扑向蓝天的鸽子呵！(吕贵品《中国的一条街》)

③她的心像糖稀一样流得到处都是。(边云岭《野韵》)

④夜的风清爽地滑过我的耳梢，像恋人温柔的手，在我的心湖里荡起朵朵涟漪。(水果《爱情网事》)

⑤将爱情进行到此，是最让人无奈的事情，就像一块嚼得没滋味口香糖，继续咀嚼只会越来越乏味。((水果《爱情网事》))

⑥太阳像新生儿，把嫩嫩的肉红色洒在刚刚被行人踏醒而显得冷清凄凉的街道上。(陈染《嘴唇里的阳光》)

⑦纸页上的字迹立刻像一只只绵软美丽的肉虫子，钻进他的眼孔。(陈染《沙漏街的卜语》)

⑧那些小报的颜色像我爱吃的发黑的全麦面包，喂养着我苍白的思想。(陈染《沙漏街的卜语》)

⑨恰好被妈妈推门进来了，瞧她的脸色，像是刚从王母圣会上驾云回来，轻飘飘，喜洋洋。(张斌《青春插曲》)

⑩那沉甸甸的稻谷，像一垄垄金黄的珍珠；炸蕾吐艳的棉田，像一厢厢雪白的珍珠；婆娑起舞的莲蓬，却又像一盘盘碧绿的珍珠。(谢璞《珍珠赋》)

以上例①至例⑩都是以“像”作喻词的。

2. “若”“如”类文言词遗类

现当代比喻有时还偶用历史遗留下来的一些带文言色彩的喻词“如”“若”“似”“宛如”“宛若”“仿佛”之类。

①母亲脸色青白，面容憔悴，身子宛若一只摇摇欲坠的长衣架，撑住那团裹在身体上忧郁的紫颜色。(陈染《嘴唇里的阳光》)

②麦弋脱开他的身体，犹如脱开一片森林。(陈染《嘴唇里的阳光》)

③打了皱的肚腹犹如粗糙的橘皮，在那橘皮之上，凸显着一道长长的疤痕。疤痕是活的，红亮而狭长，宛如一条粗大的蜈蚣长着许多细短的脚——这是生育儿子佑生时留下来的。(杨东明《性爱的思辨》)

④那两条白花花的大脚在着冷风砭骨的冬季格外耀眼，仿佛两只茁壮的筷子立在地上自行移动。(陈染《沙漏街的卜语》)

⑤我们离开了那块黄土地，但是我们记着那里的月亮。我们早逝的青春呵，有如冬日里的斜月，苍白，冰冷，残缺。(张美华《赠月》)

⑥雪花呀，恰如繁星从天坠；/桦树林呀，犹如古代兵将守边陲。(郭小川《祝酒歌》)

⑦狗的舌头热乎乎的，好似一个温柔的手掌。(张炜《秋天的思索》)

例①至例⑦是沿用历史上已出现过的喻词，所以分明带几分文言的色彩。此类喻词的运用受到现代汉语词汇系统总体特征最大的制约：现代汉语是以双音节词为绝对优势的。因而对历史上已产生过的喻词的沿用也多选择双音节的“宛如”“宛若”“犹如”“有如”“仿佛”，或将单音词词组化，如“恰如”“好似”，以此满足双音化的条件。完全单音的古代汉语明喻词在现代是极为少见的，尤其是“犹”“若”极罕见，“如”字则用在类似成语的固定说法中。

⑧左与右，犹罂粟花之有红有白，颜色不同，品质和效用却是

一样。(李清泉《"由开门七件事"说开去》)

⑨月光下的木楼如诗如梦。(杨东明《性爱的思辨》)

⑩人在宇宙中渺如尘埃。(杨东明《性爱的思辨》)

总之，文言喻词的沿用远不及"像"类喻词的使用量，而且在沿用文言喻词时，单音用法又极为少见。

3. 喻词与比喻助词相配搭类

现代汉语中，有一类与比喻助词相搭配的明喻，常用比喻助词是"一样""一般""似的"，构成"像……一样（一般、似的）"等格式。

①兔儿并不藏在娘的肚下，冻得如像冰块一般了。(郭沫若《三诗人之死》)

②那白的，白百合似的，一朵朵地落着的雪花，在被风刮净的空中飘着，纷纷的，又把那树枝、墙顶、瓦上，重新铺上了一层白，一层如同是白色的绒毡似的。(胡也频《到莫斯科去》)

③黑夜像大海一样，而那种灯光则漂浮在黑暗之上，就像鱼的呼吸一样。(邱华栋《白昼的骚动》)

④等他俩不自觉地相互对看时，目光像被万能胶粘住了似的，谁也没有移开。(水果《爱情网事》)

⑤我会竭尽全力做到让自己学会忘记。就像做清洁时用抹布擦掉灰尘一样，毫不犹豫，无所顾忌，把那些堪称往事的记忆统统清除掉。(水果《爱情网事》)

⑥他让自己手下的每一个句子都像风中火苗一样蹿跳。(陈染《沙漏街的卜语》)

这类比喻都构成这样一种形式：本体—喻词—喻体—"一样"（"似的""一般"）。

在这些比喻助词中"似的""一般"等为明清时期产生的用法。"一样"是现代汉语的新用法。所以，使用"一样"者最为多见。

（二）隐喻普遍使用喻词

现代汉语的隐喻的句子形式与明喻实质上是一致的，只是使用的喻词不同。隐喻常见的喻词为：是、做、为、成、成为、等于、当作等。还有些隐喻省略喻词，将本体与喻体相并，构成判断关系和同位复指关系等。

①山风呀，/成了进军的喇叭；/松涛呀，/成了进攻的唢呐。（郭小川《大风雪歌》）

②如果把两千多封都摊开，从天上撒下，将化作漫天飞舞的雪花；从地上行走，将成为一条潺潺的河流。（柯岩《奇异的书简》）

③汗水在他那络腮胡根上聚成了一粒粒晶亮的露珠。（王愿坚《普通劳动者》）

④在这座城市里，人是什么？人是垃圾，到处流动的垃圾。被一座座楼房吞进去又吐出来的垃圾。（李佩甫《城市白皮书》）

⑤我的眼睛是陷阱，掉进去容易，爬出来难。（水果《爱情网事》）

例①至例⑤都是有喻词的隐喻。隐喻还有省略喻词的形式。

⑥桃花——一团团烈火，/要把万恶的王朝烧成灰烬，桃花——一片片朝霞，正迎着光华万丈的太阳慢慢上升。（严展《龙华》）

⑦胡宗南这个志大才疏的饭桶，什么都想要，什么都舍不得，结果把一切都丢得精光！（杜鹏程《保卫延安》）

例⑥省略了喻词，但“——”号可等同判断词“是”即隐喻的典型喻词；例⑦本体与喻体构成复指关系。

（三）借喻无变化

借喻无大变化，略举一二。

①天蒙蒙亮的辰光正下急雨，千万支银箭直射而下，天边还留着几点残星。（叶圣陶《记金华的两个岩洞》）

②又过了两年，老太太觉得自己灯碗要干……把紫云叫到床

边，挣扎着依在床上要给紫云磕头。（邓友梅《那五》）

（四）定心喻继承明清并发展出新形式

定心喻在现代有传统形式和新形式。

传统形式为：喻体—本体。

现代还在大量使用明清加缀助词的形式，沿用“般”“一般”等比喻助词，但有所发展。新出现“样”“一样”等比喻助词。有的还出现比喻词后附喻体作定语，这类新形式基本样式为：

（1）像—喻体—样、一样—本体；

（2）像、似等—喻体—本体。

1. 定心喻的传统形式

①周槿想起来她有一年和马达一起去十渡玩，那是十渡风景还刚刚开办“蹦极”的时候，去跳蹦极的人特别多……马达一定觉得周槿就是这样突然地和自己玩了一个感情的蹦极。（邱华栋《花儿花》）

②逃到另外一个城市，那里你没有太多的熟人，你可以躲开你深陷其中的婚姻的、情感的泥潭。（邱华栋《花儿花》）

③她这一点头，/是一只象牙舟；/载去了我的烦愁，/转运来茉莉的芳秀；/我伫立台阶，情波荡流，/刹那间瞧见美丽的宇宙。（邱华栋《花儿花》）

例①至例③都是历史上已出现过的传统形式的定心喻：例①“感情”为本体，“蹦极”是为喻体，是以本体作定语，喻体作中心词；例②“婚姻的、情感的”修饰比喻的中心词“泥潭”；例③“情波”情为本体，作修饰语修饰作中心词的喻体“波”。

2. 定心喻的新形式

新出现比喻助词“一样”。

①那个《京华青年报》的特务般的记者，则和那个同样很高，但长得像一只呆头鹅的女护士在一起。（邱华栋《白昼的骚动》）

②牛太阿盯住了像条肉虫一样的吴丽美。(邱华栋《白昼的骚动》)

③在他临行的时候，在像大粪池中的蛆虫一样蠕动的火车站中，我发自内心地对牛太阿说："你这人他娘的就是太虚荣。"(邱华栋《白昼的骚动》)

例①"特务般的记者"，也是以比喻助词"般"置于作喻体的定语后。其后是一动宾词组作定语"像一只呆头鹅"，由比喻动词带喻体"呆头鹅"作动宾词组的宾语，再以此动宾词组修饰作中心词的本体"护士"。例②、例③则都是在"像"加喻体后又附加了比喻助词"一样"作定语以修饰作中心词的本体。

二　比喻的文体分布

(一) 散文中的比喻：形式自由、选美好事物为喻

在现代散文的证论文中，比喻急剧萎缩，原因是现代的理论文章论证方法发生了极大的变化，现代理论论证普遍受西方学术的影响，采取了纯逻辑的论证方式，而形象的、比喻的论证方法几乎被淘汰，乃至被社会排斥。

现代散文中的比喻主要分布于文艺性散文中。文艺散文中的比喻主要用来写景抒情，形式多样，十分注重喻体选择，多选用美好的事物为喻体，以描绘美好的景物抒发美好的情感，如：

①远望天山，美丽多姿，那常年积雪高插云霄的群峰，像集体起舞时的维吾尔族少女的珠冠[1]，银光闪闪；那富于色彩的不断的山峦，像孔雀正在开屏，艳丽迷人[2]……它有丰饶的水草，有绿发似的森林[3]。当它披着薄薄云纱的时候，它像少女似的含羞[4]；当它被阳光照耀得非常明朗的时候，又像年轻母亲饱满的胸膛[5]。人们全同时用两种甜蜜的感情交织着去爱它，既像婴儿喜爱母亲的怀抱，又像男人依偎自己的恋人[6]。(碧野《天山景物记》)

②一座座山峰各不相连，拔地而起。而千万个峰顶各呈奇状，或如乱叠云母，或如斜倚画屏，或如螺，或如菌，或如书帙在架，

或如矛头插天，象鼻、狮头、马鞍、人帽，无形不备。（郭沫若《人幽谷》）

③当你的游舸从桂林近郊的穿山驶过以后，随着江水的萦回，就逐渐进入了佳境。山，在你的面前呈现出千态万状，活像许多不同种类的造型艺术品[1]，都一下子来到了你的眼前。它们的样子像鱼，像龙，像鸟，像蚌，像珠璎、翠盖，像笔架、珊瑚；像人，像人的某一状态，坐、立、眺望、期待、相逢[2]……漓江是那样的澄清平贴，各式各样奇怪的峰峦，争着把它们的影子投到水面来，把一条江水织成了一幅色调怡人的风景刺绣图[3]。（秦似《碧水青峰九十里》）

④树身上布满了绿茸茸的青苔，那样鲜嫩，那样可爱，使得绿荫荫的苏堤，更加绿了几分。有的青苔，形状也很有趣，如耕牛，如牧人，如树木，如云霞，有的整片看来，布局宛然，如同一幅青绿山水。（宗璞《西湖漫笔》）

例①至例④是散文比喻的典型形式，体现出散文中比喻的两个明显特征。

其一，形式自由：句型可长可短、可单可复。例①包含六个比喻，其中第1、2、4、5个比喻为单句，第3个比喻“绿发似的森林”是定心结构作比喻，第6个比喻为并列复句组成的博喻。例②本体“千万个峰顶各呈奇状”作主语，后面连续使用6个喻体“或如……”作谓语，是6个位于共一主语。例③包含3个比喻，句型都较复杂：第1个比喻的本体“山，在你的面前呈现出千态万状”为主谓结构作全句主语；第2个比喻本体“它们的样子”作主语统摄8个谓语——“像鱼”等；第3个比喻“它们的影子”把江水“织成了”“刺绣图”，又是一个隐喻。

其二，散文选用极富美感的美好事物作喻体。例①选用“维吾尔族少女的珠冠”“孔雀开屏”“少女似的含羞”“年轻母亲饱满的胸膛”等为喻体；例②选用“乱叠云母”“斜倚画屏”等为喻体；例③选用“不同种类的造型艺术品”“珠璎”“翠盖”“笔架”“珊瑚”为喻体。总之，选用美丽、圣洁、珍贵之物为喻体，呈现出典雅、庄重的风格。

（二）诗歌中的比喻：本体抽象化、形式自由化

现代诗歌比喻有两条明显的变化。

本体事物的抽象化

现代诗歌中有大量的比喻，其本体事物是抽象物，这在历史上是不多见的。

①卑鄙是卑鄙者的通行证，高尚是高尚者的墓志铭。（北岛《回答》）

②时间诚实得像一道生铁栅栏。（北岛《十年之间》）

③黑夜像山谷，白昼像峰巅。（顾城《生命幻想曲》）

④时间的马，累倒了。（顾城《生命幻想曲》）

以上四例都取自《朦胧诗选》（春风文艺出版社 1986 年版）。仅两位诗人的作品就发现有四个例句的比喻，其本体为抽象的事物，可见此类比喻出现频率之高。

现代诗歌的比喻形式自由，可出现较复杂的延展体。

现代诗歌与历史上的格律化的诗词比，形式较为自由，这样在诗歌的比喻中往往出现历史上诗歌所没有的较复杂的延展体。如：

⑤爱情原如树叶一样。（比喻部分）/在人忽视里绿了，/在忍耐里露出蓓蕾，/在被忘记里红色的花瓣开放。（延展体）（何其芳《雨天》）

⑥太阳是我的纤夫。（比喻部分）/它拉着我，/用强光的绳索/一步步，/走完十二小时的路途。（延展体）（顾城《生命幻想曲》）

⑦梦像十月的阳光（比喻部分）/蛰伏了一年之后/在灌木丛中，留神窥探。（延展体）（鲁松《向往》）

比喻带延展体在古代只见于散文中，诗歌受篇幅所限未见延展体。但现代诗歌形式自由，篇幅可自由伸缩，所以出现了复杂的延展部分。例⑤“爱情原如树叶一样”是一明喻，其后长长的延展部分实为对比喻的解释；例⑥“太阳是我的纤夫”是一隐喻，其后的延展部分则对

“纤夫”进行描述，是对比喻作出的补充；例⑦“梦像十月的阳光”是一明喻，其后的延展部分对此作出补充。

复杂的延展体出现说明诗歌比喻在形式上变得复杂了，在内容上的包孕性更强了。

（三）小说中的比喻分为平实与奇特两类

现代小说有平实、变异两种不同的风格。在平实风格的小说中，比喻继承古代小说的比喻的取喻方式，一般选择人们生活中习用的比喻，本体与喻体相似程度较高，而变异风格的小说比喻多奇特。

1. 平实风格小说中的平实比喻

这类小说继承中国传统的“温柔敦厚”的审美习惯，比喻的风格也平实，形式上多用常态，略举几例。

①风刮得很紧，雪片像扯破了的棉絮一样在空中飞舞，没有目的地四处飘落。左右两边墙脚各有一条白色的路，好像给中间满是水泥的石板路镶了两道宽边。（巴金《家》）

②有着黑漆大门的公馆静寂地并排立在寒风里。两个永远沉默的石狮子蹲在门口。门开着，好像一只怪兽的大口。（巴金《家》）

③中山公园的水池像是一面镜子，圆圆的月亮映在池面。池子附近树旁的几盏路灯，那圆圆的灯光映在水里，就像一个一个小月亮似的，围绕着池中的月亮。（周而复《上海的早晨》）

说这类比喻平实，有温柔敦厚的风致，表现在以下两方面。

其一，本体与喻体的相似程度高，设喻自然而无突兀怪诞之感。如例①风中飞舞的雪片喻为“棉絮”，二者在洁白、轻盈上本就一致；街两边的雪铺成的路如给水泥街道“镶了两道宽边”也十分自然；例②公馆的大门口与“怪兽的大口”在外形上相似，在给人的心理感觉上也相似——都是吃人的；例③平静的水池像“一面镜子”，这几乎是一个常见的比喻，而映入池中的路灯与月亮，在“圆的”“发光的”两方面相似。总之，本体与喻体之间的相似性符合一般人相似联想的思维习惯，能引起所有有共同生活经验的人的共鸣。

其二，这类比喻继承了自《诗经》以来的传统：不以秽浊之物为喻，即使是否定性的贬义的比喻，所选喻体也避用污秽、浊俗之物，给人的心理一种正面的刺激，这正是反映中国的“温柔敦厚”的审美习惯和文风追求，这一点与钱锺书所开创的比喻风格是大相异趣的。

2. 变异风格小说中的奇特比喻

这类比喻与中国历史上的传统比喻大相异趣。应该说它才是新的历史时期产生的新比喻，反映了现当代比喻与传统比喻的本质差别，这类奇特的比喻导源于钱锺书的《围城》，而被新时期小说特别是后现代小说所承袭。这类奇特的比喻可以概括为“不合常理、不合常情”。

“不合常理”是不合一般人的联想心理，本体与喻体之间的相似是作者的主观创造，有些几乎没有客观性可言，不注重社会共性，不注重读者的接受习惯，关注的是比喻的个性、独特性。

“不合常情”是不合传统比喻所体现的审美心理，我国传统比喻取喻不违《诗经》“温柔敦厚”的传统，以美好事物为喻体。但现当代文学有些作品往往取污秽、鄙俗之物为喻，可以说这类比喻不是“审美”，而是对传统“审美”的反动——是“审丑”。

且看钱锺书《围城》中的比喻：

①她（唐小姐）眼睛不顶大，反衬得许多女人的大眼睛像政治家的空话，大而无当。

②鸿渐饿得睡不熟，身子像没放文件的公事皮包，几乎腹背相帖。

③这两位奶奶现在的身体像两个吃饱苍蝇的大蜘蛛，都到了显然减少屋子容量的状态……

④有人送别，仿佛临死的有孝子顺孙送终，死得安心闭眼。

⑤这一张文凭，仿佛亚当、夏娃下身那片树叶的功用，可以遮羞包丑，小小一方纸能把一个人的空疏、寡陋、愚笨都掩盖起来。

以上五例比喻可以说是在逻辑上“不合常理”，在审美趣味上“不合常情”：例①将女子过大的眼睛比喻为“政治家的空话”，这种联想是一般人建立不起来的，因为眼睛的大小是事物的外形，“政治家的空话”讲的是事物的内质，相似联想一般是由一事物的外形联想到另一事物的外形，由一事物的内在性质联想到另一事物的性质。这种由有形之物想到无形之物的联想在通常状态下是不可能发生的。例②将饿空的肚子比喻成“没放文件的公事皮包”，也是极为奇特的类比。例③至例⑤都以污秽、卑俗、不吉之事物作喻体，这与传统反差很大。例③将过于肥胖的身体比喻成“吃饱了苍蝇的两个大蜘蛛”，是以秽浊之物作喻体来写人。例④将为亲友送行比喻成“临死之人有孝子顺孙送终”，是以不吉之事作喻。例⑤则是以涉及男女的污秽之物作喻体。这些比喻在中国古代是不会产生的。钱锺书的比喻对当代作品影响很大，如下列用例：

⑥那种欲望你是越压抑它反而越是生机勃勃。如同历代农民造反一样，你越是压制他们，他们就造反得越凶。（邱华栋《白昼的骚动》）

⑦诗是人体内的石油，我要把它提炼出来，这是一个与大便和小便截然区分的过程。（邱华栋《白昼的骚动》）

⑧盖迪找到了我，他显得气急败坏。我还从来没有看见他这么愤怒过，那样子就像一只猫大便完了之后，刚刚用土盖了起来，可另外一个家伙则又刨掉了那些土，并指出土是他拉的。（邱华栋《白昼的骚动》）

⑨钟星握住了杨晶的手，激动得像一只随时都准备扑上去咬人的狗。（邱华栋《白昼的骚动》）

⑩在这座城市里，人是什么？人是垃圾，到处流动的垃圾，被一座座楼房吞进去又吐出来的垃圾。人到一定的时候就成了垃圾，最后是送到大西郊去，冒一股烟，完了，结束了，就这么简单。垃圾也是分类的，你到过垃圾处理站吗？在垃圾处理站，垃圾被分成七类，你想想你算是第几类？（李佩甫《城市白皮书》）

⑪我终日守在电话机旁，静静等待那哗然而起的铃声。可是，那个电话机却像一只死猫卧在我的床边一声不响。（陈染《嘴唇里的阳光》）

从例⑥至例⑪都是新时期小说中出现的比喻，这些比喻明显有两个特点：怪诞和审丑化。先看其怪诞，例⑥将欲望比作农民起义；例⑦将写诗比成提炼石油，又进比作“与大小便分离的过程”，这些都十分荒诞，一般人是不能产生此类联想的。其后几例比喻本喻体的跨度也很大。

以上用例以丑为美的审丑化倾向也十分明显。例⑦将提炼诗歌这种文人雅事比作将诗从人体内“与大小便截然区分的过程”；例⑧将人的愤怒比作猫拉屎后被其他的猫占领了屎堆；例⑨将男士握住向往已久的美貌女子的手比成“激动得像一只随时都准备扑上去咬人的狗”，这在传统的小说中是不会如此描绘男女之恋的；例⑩将人比为垃圾，将人的临终进入火葬场比作进行垃圾处理。这种比喻明显那是对中国人传统的审美习惯的彻底颠覆，与传统的设喻大相异趣。在传统比喻中是不会以此类污秽的、不洁的、卑俗的、不吉利的事物为喻的。特别是对待文人写诗、恋人握手这类高雅的事情、神圣的情感都不会以不洁之物、卑俗之物为喻。

第二节　现当代比拟：比拟的突变时期

现当代是比拟的突变时期，其变化在：其一，比拟分布更广，历史上的比拟，除情节拟人外，其他比拟主要出现在诗歌中；现代比拟则分布于一切文艺语体：诗歌、小说、散文。其二，比拟从语言结构到内容都更更杂。

一　比拟在各类文艺语体中的广泛分布

（一）诗歌：全面继承中发展出新用法

现当代诗歌乐于运用比拟，使用量上应大大超过古人。在形式上，不仅全面继承古人，凡古代用过的现代人都用，还发展出很多新的用法，如：动作性拟人本体抽象化、性状性拟人成熟。

1. 拟人

诗歌中的拟人有两种。

（1）呼告式拟人增多。

呼告拟人在历史上不常用，因为我们从先秦到现当代见到的历代呼告拟人的确太少了：《诗经》3 例，汉魏晋南北朝 2 例，《唐诗汇评》5000 多首诗中仅发现 3 例，宋代至清代近 5000 首词曲作品中仅发现 3 例。但在现当代，这种用法似乎多多了，现代人在激情状态下，人们往往抛开读者，直接与物交流。

①睡吧，山谷/ 快用蓝色的云雾蒙住天空 / 蒙住野百合花苍白的眼睛 / 睡吧，山谷/ 快用雨的脚步去追逐风 / 追逐布谷鸟不安的啼鸣。（北岛《睡吧，山谷》）

②呵，思念 / 流溢着洒香的思念 /你蒸发在野性的阳光里吧/你融化在粗犷的急急雨里吧。（李钢《思念》）

③白发，我听到你一根 / 又一根裂肤而出的声音。（沈志方《给时间》）

④你从雪山走来，春潮是你的丰采；你向东海奔去，惊涛是你的气概。你用甘甜的乳汁，哺育各族儿女；你用健美的臂膀，挽起高山大海。我们赞美长江，你是无穷的源泉；我们依恋长江，你有母亲的情怀。（胡宏伟《长江之歌》）

（2）动作性拟人本体普遍抽象化。

现当代动作性拟人，拟人的对象（即本体）很多使用了抽象物，如：

①灯，淡黄的眼睫，不再闪动……我看见 /诗安息着/ 在那淡绿的枕巾上。（顾城《梦痕》）

②童贞发出带花纹的笑/ 永远印在奇异的蘑菇上。（李钢《思念》）

③太阳，这金色的气球 / 飘落了……微笑着走来又一个黄昏。（吕贵品《黄昏》）

④生与死从桥上来来往往/ 昨夜的雨，仍然低回在今晨 / 行人纷纷的路上，爱与恨/相错而过桥的两端。（向阳《清明》）

⑤晨曦，从五月芬芳的田野上走来。（路辉《在希望的田野上》）

⑥一蓬蓬金色的灰尘生长着 /春天眯起眼睛。（谢烨《我终于

转过身去》）

以上六例，本体事物都为抽象物，“诗”可安息，“童贞”会发笑，“黄昏”也可微笑，“生与死”可来来往往，“爱与恨”可相错而过，“晨曦”可走，“春天”可眯起眼睛。这些无形质的抽象物质都具有了形状和质地。专就拟人本体而论，同古代传统的动作性拟人比，这种现象其中包含两种性质的变化：其一，对象虚实之变，这是明显的。其二，历史上拟人对象（即拟人的本体物）是当时当地的在场之物，是作者的眼中之物，如李白诗句“绿水解人意，为余西北流。”（李白《宿白鹭洲寄杨江宁》）这里“绿水”即为李白眼前所见，而上列用例的本体物全为作者的心中之物。

也有以实体事物为对象的，这与历史上的拟人没有多大区别。

⑦干燥的大路没有笑/风在旁边跺脚。（谢烨《我终于转过身去》）

⑧晚风哼着一支歌走在街上/街，疲乏了/静静地躺在城市的怀里。（吕贵品《呵！城市》）

⑨仿佛还是去年秋天/被雨打湿了金黄羽翼的/故乡的银杏林下，那朵/畏缩地站在一抹阴翳苍茫中/鲜红的，小花？（向阳《小站》）

（3）性状性拟人成熟。

将用以表现人的性质、状态的形容词移用于物，使物有了人的特质，这种“性状性拟人”在宋词中发现有一例，但在现代诗歌中多了起来。

①月亮又小又孤独，像一段被人遗忘的小小回忆。（江河《星》）

②在山谷深处，丛林遮住的地方/两条年轻的小径胆怯地接吻。（李钢《在山上》）

③街，被折磨得/软弱无力地躺着……这城市疼痛得东倒西

歪。（芒克《城市》）

④仿佛还是去年秋天／被雨打湿了金黄羽翼的／故乡的银杏林下，那朵／畏缩地站在一抹阴翳苍茫中／鲜红的，小花？（向阳《小站》）

以上四例都是将适用于人的形容词之于物，是典型的性状性拟人。例①将“孤独”用于月亮；例②将“胆怯”用于小路；例③将“软弱无力”用于大街；例④将“畏缩”用于小花。

2. 虚物拟物——继承唐宋诗词用法

从目前所观察的事例看，现当代诗歌好用拟物，且都是抽象物形质化的拟物，这与萌芽于唐、成熟于宋的诗歌中的拟物没有任何差别。我们认为这是宋以来大量使用这类用法对后代的影响。

①她这一点头，是一只象牙舟；载去了我的烦愁，转运来茉莉的芳香。（曹葆华《她这一点头》）

②让笛声去分割布展池中草的月色。（冯青《画荷》）

③长街灯市，排开红绿的新愁。（常白《看灯》）

④消失的钟声／结成蛛网，在裂缝的柱子里／扩散成一圈圈年轮。（北岛《古诗》）

⑤乌龟在泥土中复活／驮着沉重的秘密／爬出门坎。（北岛《古诗》）

⑥一个挑柴的汉子／站在山脊一张望／岩壁的老藤和林中的粗枝上／悬挂着他的童年／和他父亲的一生。（他钢《樵夫石》）

⑦啤酒／装在透明的高脚杯里／翻腾着无数个白色的气泡／气泡裹着无数个话题／破了／在这饭桌上流淌。（吕贵品《呵！城市》）

⑧让笛声去分割布展池中草的月色／也许最美的那面，即是／最浅最浅的哀愁。（冯青《画荷》）

⑨昨夜付一片轻喟，今朝收两朵微笑。（卞之琳《隔江泪》）

⑩深巷的石板上，又击碎了一大片犬吠。（禾金《静夜小品》）

⑪岁月，和马轭上的铃铛纠缠／彻底作响。（北岛《十年

之间》)

⑫一头青牛走来闲卧/慢慢地咀嚼碧绿的岁月/岁月在牛嘴里发出响声。(北岛《山中》)

⑬田埂上/拿镰刀的人将笑声/种进光明里了。(路辉《在希望的田野上》)

⑭赫色的梦落入深坑,沉下去,沉下去……(禾金《静夜小品》)

⑮把我的幻影和梦/放在狭长的贝壳里。(顾城《生命幻想曲》)

以上用例拟物的本体都是表性状的抽象物或无形之物。如:烦愁、芳香、月色、钟声、秘密、童年、一生、话题、哀愁、轻喟、微笑、犬吠、岁月、笑声、梦、幻影。这类用法在宋以后的词曲作品中非常之多,从这里我们可以看出一种历史上成熟而又成功的用法对后代产生了多大的影响。

(二)小说:始用各类比拟

在古代小说中是从来不出现比拟的。但在现代小说中,比拟已成为常见的修辞手段。这与现代小说更重描写、更重抒情有关。且在现当代小说中拟人、拟物使用量相当。且以三部当代小说为例:

水果《爱情网事》拟人3例,拟物为7例;

陈染《嘴唇里的阳光》拟人16例,拟物为9例;

陈染《沙漏街的人语》拟人12例,拟物为8例。

可见拟人与拟物都是小说使用量很高的辞格,这与古代小说完全不出现比拟形成鲜明的对比。

1. 拟人

(1)动作性拟人拟体特征细节化、具体化。

拟人格的拟体自然是人,古代拟人被拟的本体物只限于表现出简单的、模糊的人的特征,从来也没有显示其细节化的、很具体的、与人完全一样的特质。但现当代拟人拟体特征完全细节化,非常具体地表现出人的特质。

①太阳猛然间长在山顶上，把一切都看在眼里，但它就是不出声，长长短短的光线射到所有的地方去，让小孩子长大，让时间腐烂成泥。（边云岭《野韵》）

②是我把这只蚊子打死的……我手上有血，蚊子的血……蚊子的血在笑我，蚊子的血说：你挡不住的，你挡不住。（李佩甫《城市白皮书》）

③她看清楚了，那不是幻觉，那是于潮白的自行车！车身的黑漆已经开始剥脱，两个车圈却擦得贼亮。车座呢，不安分地把脖子伸得又高又长，做出一种出类拔萃的姿态来。车身的大梁因为碰撞过，曾经扭歪，虽然几经修饰，仍旧能够看出犯过事的痕迹。（杨东明《性爱的思辨》）

④那些千奇百怪的窗子比过往的行人的脸孔更富于表情，更富于故事，它们生动地向你敞开着心扉，各种色彩的窗帘，或是在晨风里徐徐漫出，像是伸出手抚摸你的脸孔；或是羞滴滴半掩面，欲言又止地曼声而歌。（陈染《空的窗》）

⑤刺猬躲在草垛上忙着咳嗽，装腔作态像爷爷。（陈染《空心人诞生》）

⑥阳光进入她的嘴里……那光在她的嘴里翩翩起舞，曼声而歌。（陈染《嘴唇里的阳光》）

⑦那窗子正替代它的主人散发一种表情，它在窃窃发笑，似乎在嘲弄它外边纷乱的世界。（陈染《站在无人的风口》）

上述七例本体物都表现出十分细致的人的特性，有意志、有语言、细节化的人的行为。如例①太阳经拟人化就像一位深谙世故的老人，他看着人长大，他知道一切，但默不作声；例②蚊子能笑、能说话；例③自行车能“不安分地把脖子伸得又高又长”，能“做出一种出类拔萃的姿态”，还“犯过事”；例④窗帘有人的情态，“羞滴滴半掩面”，且“欲言又止”，还能“曼声而歌”。后几例亦如此。

（2）性状性拟人大量出现。

①女人的一头头发乌黑发亮咄咄逼人，国良第一次如此逼近地

看见女人的头发。（林白《晚安，舅舅》）

②校园宿舍楼隐约的灯光、吉他声、录音机播放的BBC英语、怪叫、吵闹、歌声，不间断地向小路大大咧咧扑过来。（虹影《一个流浪女的未来》）

③被子兴奋地从床边滚落，接着，席梦思软床也激动了，摇摇颠颠地发出了声响。（杨东明《性爱的思辨》）

④野蒿们在石缝里摇得忧郁，不住叹息。（陈染《空心人诞生》）

例①将“咄咄逼人”这种人工智能特性用于头发；例②“大大咧咧”这是人的性格，用于各种声音；例③“兴奋”“激动”是人的情绪，用之于被子、席梦思软床；例④“忧郁”是人的情绪用于野蒿。

2. 拟物

（1）虚物拟物。

历史上使用过的抽象物形质化手法在现当代小说中也有不少。

①春天底的口子咬住冬天底尾巴，而夏天底脚又常是紧随着春天的身后的。（柔石《为奴隶的母亲》）

②他拉过一条板凳，在她身边坐下，两个人都没有说话，有滋有味地咀嚼着一秒一秒地流来的时间。（张贤亮《河的子孙》）

③她能变出九种微笑的姿态……她一种一种地在镜子前面进行试验，在各种微笑里选一种出来，再把其他的装进衣兜。她的衣兜里装着各种各样的微笑和各种各样的面具。（李佩甫《城市白皮书》）

④我的屋子里寂寞的味道发了霉。（水果《一个单身女人的私生活》）

⑤眼睛大大地洞张着，里边盛满忧郁。（陈染《空的窗》）

⑥我做出安然自若，心不在焉，毫无感伤的样子，伴随着黄昏时分一声仿佛从浓郁的老树上掉落下来的钟声，一同跌进了地势凹陷于路面很多的庵堂的庭院。（陈染《站在无人的风口》）

例①将春天、冬天、夏天都拟为动物；例②将时间拟为食物；例③将微笑、面具（指人的假面孔）拟作有形物；例④至例⑥将抽象的“寂寞”“忧郁”及无形的“钟声”都拟成有形之物。

（2）实物拟物。

现行的理论书籍几乎都将实物拟物作为最典型的拟物，一般理论著作举例都举这类用例。实质上在历史上这类用法不多，在现当代才真正成熟起来，小说中不少。

①我到了自家的房外，我的母亲早已迎着出来了，接着便飞出了八岁的侄儿宏儿。（鲁迅《故乡》）

②咱们老实，才有恶霸，咱们敢动力，恶霸就得夹着尾巴跑。（老舍《龙须沟》）

③用非所学的大学毕业生还成筐成箩地堆在那儿，哪年哪月轮到他呢？（张抗抗《在丘陵和湖畔，有一个人……》）

④她们看见不远的地方，那宽厚肥大的荷叶下面，有一个人的脸，下半截身子长在水里。（孙犁《荷花淀》）

⑤车上的人并不多，天气太热，谁也懒得说话，只有几个年轻的小伙子站在车门口说粗话，眼睛却不时地往那女子身上舔。（贾平凹《商州》）

⑥公共汽车上有很多很多的人脸，公共汽车上很多的人脸都是一模一样的，一样的黄，一样的焦躁。你看，它一段一段地把人吞进去，又一段一段地把人吐来，吞进去的是人，吐出来的是人的渣。（李佩甫《城市白皮书》）

例①将小孩子拟为小鸟；例②将恶霸拟为狗；例③将大学毕业生拟为卖不出的货物；例④将人拟为植物；例⑤将眼睛拟为舌头；例⑥将汽车拟为吃人的动物。

（三）散文：比拟兼诗歌、小说之长

散文从内容上看可兼有诗歌的抒情和小说的叙事，但又没有诗歌的诗行约束，没小说的情节约束。这样在比拟的运用上就兼有诗歌、小说二者的特点，且在形式上更为自由，散文中的比拟从运用量到形式特征

都比诗歌、小说丰富。

1. 拟人

（1）动作性拟人。

①鸟儿将巢安在繁花嫩叶当中，高兴起来了，呼朋引伴地卖弄清脆的喉咙，唱出宛转的曲子，跟轻风流水应和着。（朱自清《春》）

②枣树……它知道小粉花的梦，秋后要有春；它也知道落叶的梦，春后还是秋。它简直落尽叶子，单剩下干了，然而脱了当初满树果实和叶子时候的弧形，欠伸得很舒服。但是，有几枝还低垂着，护定它从打枣的竿梢所得的皮伤，而最直最长的几枝，却已默默地铁似的直刺着奇怪而高的天空，使天空闲闪闪地鬼眨眼；直刺着天空中圆满的月亮，使月亮窘得发白。（鲁迅《秋夜》）

③单是周围的短短的泥墙根一带，就有无限趣味，油蛉在这里低唱，蟋蟀们在这里弹琴。（鲁迅《从百草园到三味书屋》）

④秋天是一坛又香又甜的酒。风儿大概是喝多了，跌跌撞撞地跑进枣林，竟把满树的大枣染得通红通红。（刘德亮《枣乡三章》）

⑤历尽劫难而濒于绝境的诗歌，经过一段短暂的恢复，在早春的美好季节里，终于怯生生地，带着不无疑虑的神情，试着唱出了为中国读者所已经陌生的爱情之歌。（谢冕《中国现代爱情诗选·序言》）

⑥有的松树望穿秋水，不见你来，独自上到高处，斜着身子张望。有的松树像一顶墨绿大伞，支开了等你。（李健吾《雨中登泰山》）

⑦昼是活跃的，夜是恋爱的：树林酣睡了，枝上挂满成熟的果子像母抱着孩子。河水酣睡了，鱼住在水草里，萍花偎傍着树枝赤露的浅岸。街道酣睡了，一切的声音，一切的光彩转为深沉的平静和整齐的和谐。花酣睡了，不红了，也不黄了……农民酣睡了，他底锄头、犁、镰刀都酣睡了。（阿陇《夜》）

⑧小镇暖融融的，一打呵欠，喷出许多新的传奇和故事：关于五百吨的汽锤，关于二百米的塔吊……月亮在江南是亮的，它把洁

白的羽纱围在小镇脖上，小镇微眯着眼……（赵敏《小镇》）

例①将一组用于人的动词用之于鸟。例②将“枣树”人格化，有人的意识：“它知道……它知道……”，有人的行为：“欠伸得很舒服”“护定……皮伤”；小粉花和落叶也人格化，因为它们都有梦；“月亮”也人格化，因为它“窘得发白”。例③虫子能唱歌、弹琴。例④自然界的风也能“喝酒”。例⑤抽象之物诗歌也能“唱歌”。例⑦一切自然物都能像人那样“酣睡”。例⑧小镇能“打呵欠”，能“眯着眼”，月亮能给小镇围上羽纱。这些都是将人的行为、动作赋予自然物。

（2）性状性拟人大量使用。

①湖上的明月和落日，湖上的浓阴和微雨，我都见过了，真是仪态万千。（冰心《寄小读者·通讯七》）

②这是虽然在北方的风雪的压迫下却保持着倔强挺立的一种树！哪怕只有碗来粗细罢，它却努力向上发展，高到丈许，二丈，参天耸立，不折不挠，对抗着西北风……它没有婆娑的姿态……但是它却伟岸、正直、朴质、严肃，也不缺乏温和。（茅盾《白杨礼赞》）

③历尽劫难而濒于绝境的诗歌，经过一段短暂的恢复，在早春的美好季节里，终于怯生生地，带着不无疑虑的神情，试着唱出了为中国读者所已经陌生的爱情之歌。（谢冕《中国现代爱情诗选·序言》）

④有的松树自得其乐，显出一副潇洒的模样。（李健吾《雨中登泰山》）

例①“仪态万千”一般描绘女性的美丽，此处用于自然风光；例②用表现人的性格特征的“倔强”“努力”“伟岸”“正直”“朴质”“严肃”“温和”来描绘树木；例③将表现人的情态的“怯生生”“疑虑的神情”用于抽象物诗歌；例④将用于表现人的“自得其乐”“潇洒”用于树木。

看来，在古代只有个别用例的性状性拟人在现当代真正成熟了：诗歌、小说、散文中都有大量用例出现。

（3）呼告拟人。

散文中的呼告拟人不少。

①哦，江南！哦，江南的小镇！你浸在水里多少年代了，青石板滋长了多少回苔藓，灰瓦脊衍生了多少次衰草……今天，我来看你。（赵敏《小镇》）

②荒原上的草呵，毛茸茸的草呵，开拓者的先驱。展开，展开，感情的染色体，海洋的染色体，进攻的染色体呵。（耿林莽《荒原草》）

③在热情喧响的夏风中流动，你多情的夏天的小河哟……每天，太阳的金斑都在你身上逗留，于是，夜晚你柔情的肌肤里便有了温馨的梦想。真的？你还会唱早晨透明的歌？（康洁《夏天的小河》）

2. 拟物

诗歌多将虚物拟物，小说多将实物拟物，而散文则兼有两者共同特点。

（1）虚物拟物。

①把失败接起来，焊上去，作为登山用的尼龙绳子和金属梯子。（徐迟《哥德巴赫猜想》）

②“好玩”这种浅薄的趣味，及以“好玩”为根据的所谓“幽默”，这两种东西迷漫文艺界的低空，真有价值的创作固不须说，就是真正的文艺鉴赏也是没有发芽的机会的。（成仿吾《上海滩上》）

③罗马经过战争、流血，唯物主义者——战士布鲁诺的思想在自由的人民当中翱翔。（郑文光《火刑》）

④旗帜的石榴花，和歌声和青春和火炬在一起燃烧。（耿林莽《飞腾的五月》）

⑤拔地而起的楼群挤压着铺满浮藻的小巷和盛满传说的小木

屋。（赵敏《小镇》）

⑥歌声从这儿冲破滚滚的尘沙，飞过黄河，飞过长江；战火闪烁，战鼓雷鸣，人们用自己的鲜血与生命染红了我们英雄战斗的年代。（刘白羽《红玛瑙》）

例①无形的“失败”可作绳子、梯子；例②“好玩”“幽默”是人的心理感受，无形无质，被拟为“东西”，而“创作”和“文艺鉴赏”这两种活动也能发芽——这又是拟为植物了；例③思想可以“翱翔”，这将无形物拟成小鸟；例④歌声、青春可以“燃烧”，这将抽象物拟为柴火了；例⑤传说可以“盛”；例⑥歌声可“飞”、年代可“染红”，都有了形质。

（2）实物拟物。

①别看浪花小，无数浪花集到一起，心齐、又有耐性，就是这么咬啊咬的，咬上几百年，几千年，几万年，那怕是铁打的江山，也能叫它变个样儿。（杨朔《雪浪花》）

②这一天晴了，后半晌，我披着一片火红的霞光从海边回来。（杨朔《雪浪花》）

③现在总算是逃出这牢笼了，我从此要在新的开阔的天空中翱翔，趁我还未忘了我的翅子的扇动力。（鲁迅《伤逝》）

例①浪花能“咬”，将其拟为动物；例②“霞光”可以“披在身上”，是将霞光拟为衣物；例③人可以“翱翔”，这是将人拟为鸟。

二　对现当代比拟主要变化的分析

我们在上一部分分析了比拟的一些变化，是分文体论述，但现当代变化太大，我们还需要对总体的、最主要的演变作细致分析，形成清晰的线索，认清变化的原因。概括起来现当化变化主要有如下几方面。

（一）产生了以抽象事物为本体的拟人

中国古代拟人都分布于诗歌中，所选择的本体都是诗人的眼前境界中的具体事物，这从整个古代诗歌中都可以看出。不妨再举几例说明：

①野花愁对客，泉水咽迎人。（唐·王维《过沈居士山居哭之》）

②绿水解人意，为余西北流。（唐·李白《宿白鹭洲寄杨江宁》）

③人面不知何处去，桃花依旧笑春风。（唐·崔护《题都城南庄》）

④念多情但有，当时皓月，照人依旧。（宋·秦观《蝶恋花》）

⑤燕子多情，衔泥故向帘前过。（清·贺洁《烛影摇红》）

以上五例中野花、泉水、绿水、桃花、皓月、燕子，都是诗人所面临的眼前之物，都是具体事物。在中国古代诗歌中，尚未发现诗人有以抽象词汇作本体的，因为古诗的拟人产生的原因是移情和心物同构。所选的主体只能是具体事物。

在现当代比拟中，产生不少以表达抽象事物的词汇作本体，特别在诗歌中：

⑥春天，你不必唏嘘／我们帮你来回忆——／回忆去年桃花的笑靥／回忆去年柳叶的弯眉。（公刘《向春天致敬》）

⑦童贞发出带花纹的笑／永远印在奇异的蘑菇上。（李钢《思念》）

⑧生与死从桥上来来往往／吮夜的雨，巧然低回在今晨／行人纷纷的路上，爱与恨／相错而过桥的两端。（向阳《清明》）

⑨祖国在大搞四个现代化／科学技术兴奋地赶来参加／你的领队是数、理、化/理工、医、农是你的战友和部下。（高士其《让科学技术为祖国贡献才华》）

⑩民主曾在这里誓师前进／科学曾在这里推开晨窗，一声呼喊——中国人民站起来了！（邹荻帆《春歌：唱》）

⑪战争仍在门口窥伺着。（沙牧《苍天默默》）

⑫历尽劫难而濒于绝境的诗歌，经过一段短暂的恢复，在早春的美好季节里，终于怯生生地，带着不无疑虑的神情，试着唱出了为中国读者所已经陌生的爱情之歌。（谢冕《中国现代爱情诗选·序言》）

⑬夜，为城市揿掉了白天的假面具。（水果《爱情网事》）

⑭时间啊，请你为我停留，为我爱人停留。（水果《爱情网事》）

⑮这绵延的钟声已经精疲力竭，仿佛拖长音从十年前一直摇荡到今天。（陈染《站在无人的风口》）

例⑥至例⑮的本体全为无形质的事物作本体，这类本体为抽象的、无形的事物的拟人在古代是没有的，这反映出古代文学的抒情多是借景（物）而抒情，而现代抒情则直抒胸臆。古代拟人是产生于主观情感的投射于客观外物，那么，现代这种拟人与移情与心物同构现象没有任何关系，因为对象不是眼前的实物，而是心中的无形理念。

我们认为，产生这种以抽象物为本体的拟人现象全是类推的结果。是比拟中的另一现象——抽象物拟形化的类推。

汉语的拟物中，古代就有抽象物的形质化，现代则更多。

⑯不管烟波与风雨，载将离恨过江南。（宋·郑文宝《柳枝词》）

⑰无情画舸……载将离恨归去。（宋·周邦彦《尉迟杯》）

⑱春愁离恨重于山，不信马儿驼得动。（宋·石孝友《玉楼春》）

例⑯至例⑱为古代用例，诗中“离恨”“春愁”都被拟成有形之物。现代也大量存在此类拟物。

⑲尽情的咀嚼／大风暴后的宁静。（沙军《雁》）

⑳一缕一缕的心思／织进了纤纤的条条的雨丝。（穆木天《雨丝》）

例⑲将抽象的“宁静”拟为食物；例⑳将“心思”拟为丝线。

这种抽象物的拟形化是古代就有的，既然抽象物能拟物化，那为何就不能拟成人呢？拟人实质上是以抽象物的形质化为前提的。只不过拟人与拟物的形质化内容不同。

（二）拟人的拟体具体化——人的特性更细致、更具体

历史上的拟人，人的特性的描述概括、简约。我们回过头来看一看历代诗作中的拟人就可以知道。

现代拟人往往很细致地、具体地描绘本体事物的“人”的特性。

①此刻，沙漏街慢慢睁开黎明的眼睛，它抖了抖肩膀，路边几棵渐渐光秃秃的褐色树又落下来几片焦黄的枯叶，于是天显得有点亮了，它伸了伸懒腰，路面显得光滑平直起来……正如沙漏街梦中所料，这里的确发生了什么。沙漏街侧身望了望自己臂弯处灰色石墙上的一行白色大字：“慢些，你将会快些。”它想，那个像一件空洞的风衣一动不动地倒卧在路面上的男人，肯定是走得太快了。沙漏街由于自己在城市里所充当的供人流车辆行走穿行的角色，所以它非常熟悉文明人类交通规则。它认为，许多交通问题肯定不仅仅是交通问题，那规则之中正蕴含人类生存的诸多哲学。（陈染《沙漏街的卜语》）

沙漏街是城市的街道，是无生命之物，但在这段文字中，它完全等同于人，它能睁眼，能抖动肩膀，能侧身张望，能做梦，甚至有非常细致的心理活动。

②但豪猪的“绅士风度”之可贵，尚不在那一身的钢针似的刺毛，它是矮胖胖的，一张方正而持重的面孔，老是踱着方步，不慌不忙。它的潇洒悠闲，实在也到了殊堪钦佩的地步：可以在一些滋味不坏的灌木丛中玩上一个整天，很有教养似的边走边哼，逍遥自得，无所用心，宛然是一位乐天派。它不喜群的生活，但也并非完全孤独，由此可见它在“待人接物”上多么有分寸。（茅盾《森林中的绅士》）

这一段拟人将豪猪完全当人来写，非常细致，写它具“绅士风度”：矮胖的身体、方正而持重的面孔，“踱着方步，不慌不忙”的潇洒悠闲，“逍遥自得”的神态，富有分寸的“待人接物”。

③年啊，年啊，你不过是一个日月更新的计算日程吧，怎得能以排山倒海的气势，包揽乾坤的自信，福荫天下的仁慈，腆着大腹，张着哈哈大口，将十亿多炎黄裹进你的大红袍中去浓醉几日？（苏叶《吃的悲哀》）

"年"即中国人的春节，本是无形时间概念，将其拟人化后，所表现的实为大革命大吃大喝的人的形象："……的自信""……的仁慈""腆着大肚，张开大口"。

④他气极了，跑过去照牛后腿就是一拳。那牛挨了一拳，对他瞪了瞪眼，心里有点糊涂：一不是挡路，二没有偷吃，是叫自己走吧，绳子它是拴在木桩子上的。于是那牛抱着一种"大事化小，小事化无"的态度，自己挤了挤眼睛，就算了。（欧阳山《黑女儿和他的牛》）

这一段牛有十分细致的思想活动。

例①至例④，都是情状拟人。这里无生命的街道、抽象的时间和豪猪、牛等动物，都具有十分细致的人的行为、动作、习惯、性格，有像人一样十分细密、深刻的思想活动，这在中国古代的情状拟人中是没有的。

拟体具体化这一巨大改变与拟人的文体分布改变及由此引起的语言形式的改变有关。古代的动作性拟人全都分布于诗歌中，因之，受诗歌形式的影响——诗歌句子长度受限，篇章长度亦受限，所以，古诗中的拟人多是在一句诗或一联诗内完成。

由一句诗构成的拟人：

⑤人面不知何处去，桃花依旧笑春风。（唐·崔护《题都城南庄》）

⑥车马虽嫌僻，莺花不弃贫。（唐·郎士元《送张南史》）

⑦燕知社日辞巢去，菊为重阳冒雨开。（唐·皇甫冉《秋日东郊作》）

由一联诗构成的拟人：

⑧绿水解人意，为余西北流。（唐·李白《宿白鹭洲寄杨江宁》）

⑨芙蓉生在秋江上，不向东风怨未开。（唐·高蟾《下第后上永崇高侍郎》）

古代诗歌语言长度受限，不可能对拟体——人的特性进行细致的描写。现代状拟人扩大了分布领域，在小说和散文中都可以运用。这些文体语言形式本来自由，句的长度不限，伸缩自如，篇幅不限，可尽情描绘，因之，现代的拟人就“更像人”了。

（三）性状性拟人真正成熟

历史上的拟人几乎全是动作性的拟人，都是把人的动作行为比喻于物，拟人句的谓词全为动词，通过形容词将对象人格化的“性状性拟人”在历史上是少见的。现当代大量出现性状性拟人——将形容人的词语用之于物，所以其谓词是形容词性的。

①这是虽然在北方的风雪的压迫下却保持着倔强挺立的一种树！……伟岸、正直、朴质、严肃，也不缺乏温和。（茅盾《白杨礼赞》）

②昼是活跃的，夜是慈爱的。（阿陇《夜》）

③向日葵花是骄傲的，快乐的，萝卜花却那样谦虚。（何其芳《老人》）

④墙壁上那只大半个世纪之前的挂钟，带着衰弱喑哑的气息敲响了，它响了整整十声。这绵延的钟声已经精疲力竭。（陈染《嘴唇里的阳光》）

这类以形容词为谓词的拟人在使用量上虽为少数，但它却是历史上所完全没有的全新的拟人方式。

（四）实物拟物成熟

唐钺《修辞格》只有拟人，并无拟物。陈望道先生《修辞学发凡》

在论及“拟物”时指出“不像拟人那样常用，用也多是部分的”[①]。我们在介绍古代拟物时，没有列出实物拟物，我们对前人所列举的实物拟物的用例，也没有采用。因为很多例证都存在争议，对语言问题作出准确的结论，前提是必须确立一些规则对语言事实予以严格的鉴别。我们认为现代汉语才有成熟的实物拟物。我们以现代成熟的拟物为标准，发现古代典型的实物拟物是不多的。现代用例如下：

①咱们老实，才有恶霸，咱们敢动刀，恶霸就得夹着尾巴跑。（老舍《龙须沟》）

②用非所学的大学毕业生还成筐成箩地堆在那儿。（张抗抗《在丘陵和湖畔，有一个人……》）

现当代的比拟都是按以上二例的方式构成。它在结构上有如下特点。

其一，本体一定要出现。如例①本体为“恶霸”；例②本体为“大学生”。所以历史上凡未出现本体的“拟物”是不可靠的。

其二，拟体一定不能直接出现。如例①拟体当为“狗”，文中亦未出现；例②拟体当为卖不出的一种农产品，文中亦未出现。因之，历史上凡直接出现拟体的所谓“拟物”也应打上问号。

其三，文中必有按拟体的特征对本体进行描写的部分。如例①中“夹着尾巴跑”；例②中“成筐成箩地堆在那儿”。这些描写成分都是动作性的。所以历史上凡无此类描写成分的“拟物”也是不可靠的。

以上三条都是构成拟物的必备条件，缺一不可。这种三条皆备的拟物只是在现代才很多，在历史上是极为罕见的。

（五）虚物拟物拟体具体化

将抽象事物形质化的虚物拟物是比拟的一个特类，有人称为“拟形”[②]。这种拟形中国古代就大量存在，但是古代只将抽象物拟成不具体的事物，我们并不能判断抽象物究竟被拟为何物。如：

---

① 陈望道：《修辞学发凡》，上海教育出版社 1976 年版，第 118 页。

② 郝荣斋：《一种特殊的比拟——拟形》，《修辞学习》1985 年第 2 期。

①春风一夜吹乡梦，梦逐春风到洛城。（唐·武元衡《春兴》）

②无情汴水自东流，只载一船离恨，向西州。（宋·苏轼《虞美人》）

③无端不系孤舟，载将多少离愁。（宋·贺铸《清平乐》）

④画船开，红尘外，人从天上载得春来。（元·张养浩《大明湖泛舟》）

⑤眼下病，肩头事，怕愁重如春担不起。侬去也，心应碎！（邓廷桢《酷相思·寄怀少穆》）

如以上的拟形用法我们在前文宋代到清代比拟部分罗列有 25 例，可见古代这种用法不少。但古代用法有与现代十分一致的地方，即拟体不能确指为何物：如上文各例中“梦”“离恨”“离愁”“春”都有了形质，可被风吹，可被船载，但只知它们是一物体，并没有被具体地拟为某种叫得出名称或作下位类别归属的事物。

现代的比拟与历史上的完全不同，拟形化都拟成了具体事物——都几乎能给它们作下位归类，或可直接确指拟体名称。如：

⑥尽情的咀嚼/大风暴后的宁静。（沙军《雁》）

⑦他拉过一条板凳，在她身边坐下。两个人都没有说话，有滋有味地咀嚼着一秒一秒流来的时间。而这时间也就一秒一秒地流去。（张贤亮《河的子孙》）

⑧梦会开出花来的，梦会开出娇妍的花来的。（戴望舒《寻梦者》）

⑨别了，我的第二故乡，我把青春栽种在这里，尽管时值严冬，却终于蔚然成林。（孔捷生《绿色的蜜月》）

⑩南方的爱情是沉沉地睡着的，/它醒来的扑翅声也催人入睡。（何其芳《爱情》）

⑪我的怀念正飞着，/一双红色的小翅又轻又薄。/但不被网于花香。（何其芳《祝福》）

例⑥、例⑦本体为“宁静”和“时间”这两个抽象事物，都可以咀嚼，是拟成“食物”；例⑧、例⑨将“梦”“青春”拟为可开花、可栽种的植物；例⑩、例⑪将“爱情”“怀念”拟为可以飞的鸟或蜜蜂、蝴蝶。

再如：

⑫把失败接起来，焊上去，作为登山用的尼龙绳子和金属梯子。（徐迟《哥德巴赫猜想》）

这里将“失败”拟成绳索和金属材料。

像这种拟体非常具体的拟形用法是古代所绝对没有的。

拟物的变化除以上两种外，明显的变化还有使用量上古今不同，古代比现代要少得多，大概因唐钺以古文为材料，所以他的《修辞格》没有列拟物一条目。陈望道先生的《修辞学发凡》考察拟物也以古文为范围，所以说不常用，而近期的文学作品就使用量较大了。

第三节　现当代讽喻：讽喻文体化时期

讽喻在现当代受西方寓言的影响，演变为一种固定的文体，成为成熟的文学样式，即“寓言”。虽然历史上的讽喻也是寓言，但古人没有产生鲜明的文体意识——没有将讽喻当作一种独立文体对待。在理论上没有将它作为一个独立的文学样式，没有给它一个专门的名称。没有文人以此名家。现当代则受西方寓言的影响，正式将以讽喻手法写作的作品称为“寓言”，且有些文人以此名家，如冯雪峰、黄瑞云都是以毕生精力创作寓言的作家，这种情形是古代所没有的。所以，我们将讽喻发展的这一时期称为“文体化时期”。

一　讽喻与现当代社会、文化环境

（一）尖锐的社会矛盾、不自由的政治环境催生讽喻手法的使用

现当代讽喻名家冯雪峰、黄瑞云[①]的作品都是创作于社会矛盾最为

① 冯雪峰：《雪峰寓言》，人民文学出版社 1981 年版；黄瑞云：《黄瑞云寓言》，湖北少儿出版社 1998 年版。

尖锐、政治生活极不自由的20世纪40年代，国民党的统治败局已定，言论受到严格的控制。对此，冯雪峰先生在《雪峰寓言·后记》中讲得很清楚：

①在全国解放前两年，即一九四七—四八年，我在上海，曾经写了不少寓言，这是反动政权下言论极端不自由的结果。

由于言论极不自由，所以只能利用寓言这种文学体裁，以讽喻的修辞手法，通过讲动物等的故事来讥讽人间的丑恶。因此，《雪峰寓言》的特点多写动物间的弱肉强食，典型的有《豹和他统治的走兽们》。

②豹是猛武有力的，它一下子就征服了一座森林。统治着那座森林，它也遇不见任何的困难。

所有力气次于豹的走兽们全都屈服了，那是真真的心的屈服。他们甚至于看不见太阳和月亮，而只看见豹的威武和权力。他们把所有的异心和迷惑都抛弃了。

豹的权力，于是就建筑和巩固在它的威武上；也建筑和巩固在走兽们的心的服从上。豹对走兽们说了："谁都应该忘记快乐的希望，应该忘记痛苦的悲哀。我是没有慈悲的。力量是没有慈悲的。你们要生活和死亡于残酷，马上你们都会习惯了。"

走兽们，因此都习惯了，真真的新的习惯，豹毫不餍足地残杀着它们，毫不节制地噬食着它们，而它们毫无怨色和叹息。走兽们习惯于豹的残酷，是真真的心的麻木。

豹自己也是麻木了，麻木于自己的残酷和权力。这样，豹的权力就建筑和巩固在自己的麻木的自信上；也建筑和巩固在走兽们的麻木的服从上。豹对走兽们说了："我们现在一切都习惯了。你们已经没有谁还记得快乐，还记得痛苦。你们也已经不记得我的权力和残酷了。你们只是麻木的生，麻木的死。这就是我们所需要的一切。"

豹所统治的世界就是国民党统治的写照。

《雪峰寓言》有鲜明的政治色彩，这甚至仅从作品的题目中就可见：“虾蟆国的议员们”“可尊敬的田鼠族长”“被选为王的驴子”“山盗和他们的旗”“猫的大选”“大盗王与小盗王”“公平的皇帝与不愿公平的大臣”“狼和兔的互惠协定”——这类题目都有鲜明的政治色彩。

黄瑞云作品主要写于“文化大革命”期间及结束不久的时期，这是一个是非颠倒的时代。黄瑞云先生的写作动机我们也可以从黄先生的作品中看出。黄先生在《黄瑞云寓言》附录《寓言参同契》中有言：“寓言的愈来愈在于揭示真理，总结教训，讽刺丑恶。”黄先生还在《作者与江青》一则讽喻作品中谈及讽喻的作用于：“只要世界上还存在着愚蠢的驴子，狡猾的狐狸，寓言就还有写头。”从《黄瑞云寓言》的内容看，他的讽喻也是独特的社会环境造成的：有些事不得不说，但又不能直说。如“四人帮”横行的六七十年代，一些为人所不齿的丑类沐猴而冠，黄先生写了《齐天大圣庙里的猴子》予以讽刺：

③两界山据说曾经镇压过齐天大圣孙悟空，后来孙悟空成了正果，人们就在这儿立了个齐天大圣庙，香火极为旺盛。

一只猴子窥破了齐天大圣的秘密，它偷偷地钻进神橱，把大圣的泥塑偶像搬开，自己坐在上面，接受人们的香火，把它们供奉的糕果吃个够。

猴子时常溜了出来，把人们虔诚的表白和恳切的祈求当作笑柄告诉它的伙伴们。

“你敢长期待下去吗？”它的同伴问。

“怎么不敢，”这只猴子说，“你要知道，泥塑的齐天大圣并不比我高明，那不过是一尊泥巴的猴子像，而我可是一只真正的猴子呀！”

“人们常常在山里捕捉我们，可他们却心甘情愿向你磕头，这事真不可理解。”

“这有什么！”这位冒充的齐天大圣说，“人类中有这样一些人，他们有一种特性，只要谁坐在神的宝座上，他们就对他膜拜，哪怕是一只猴子也罢。”

一九六九年四月十日，昙华林

1969年正是“文化大革命”高潮时期，黄瑞云先生写作这则讽喻用意十分明确，四人帮之流只是一群沐猴而冠的丑类。

讽喻是现代作家有话不敢说时期的发言方式。

（二）受国外寓言的巨大影响

两位讽喻作品名家的寓言作品，都是深受国外寓言的深刻影响，这可从两方面看出。

其一，从作品的内容看。

我国传统的讽喻作品，以生活故事为喻体者占多数，拟人故事次之。但是《雪峰寓言》《黄瑞云寓言》则是以动植物拟人为主体。前者收录111篇作品，拟人故事为喻体者占89篇；后者收录作品411篇，拟人故事为喻体者占371篇。这正是国外寓言的特点，如《伊索寓言》就全为拟人故事。

其二，从作品中可见。

《黄瑞云寓言》中有两则作品明显提及伊索寓言，可见作品是很推崇伊索的。

①《拉·封丹和伊索》

拉·封丹会见了伊索，他向这位古老的寓言先驱致敬。

伊索问道：“你怎么也来干这种傻事？我知道，很少有作者愿意写寓言，因为寓言总要去揭露黑暗，而揭露黑暗的作者都逃不脱可悲的命运。”

“敬爱的老师”，拉·封丹回答说，“您说的不完全对。寓言并不都是揭露性的，它也常用来揭示真理，总结教训。诚然，有些寓言是揭露黑暗的。要知道，如果哪个地方允许揭露黑暗，正表示那里还有着光明；如果哪个地方害怕揭露黑暗，恰好说明那里一点光明也没有。”

一九七五年元月

②《亚历山大大帝过访伊索的园子》

——为《寓言》创刊而作

亚历山大大帝率领大军西征，路过伊索的园子。慑于伊索先生的声誉，亚历山大特地登门拜访。

他在园子里转了一会，笑起来了。他说："我原以为伊索先生的园子里会有什么了不得的财富，原来就是这么一些玩意！狐狸，驴子，乌鸦，兔子什么的！伊索先生名闻天下，难道就因为这么一些东西?"

"我的这些确实微不足道"，伊索说，"我很想了解，陛下有些什么财富?"

"你想了解我的财富吗？你听着好了！二十个王国匍匐在我的脚下，八十万大军举世无敌；你可以估计一下我的财富吗?"

"那确实是很多的!"伊索说。

"怎么样，伊索先生?"亚历山大问道，"如果上帝允许，你愿意处在我的位置上，还是希望留在你的园子里呢?"

"留在我的园子里!"伊索回答。

"为什么?"亚历山大吃惊地问。

"尽管你有那么多财富"，伊索说，"但是，不管你到达哪里，人都跑光了，然而，谁都愿意到我的园子里看看。再说，你说的那么多的财富，要不了多长时间，就会没有一点属于亚历山大大帝；我园子里的东西虽然不多，人们却永远会说，这是伊索先生的。"

从上几例充分说明，《黄瑞云寓言》深受伊索及拉·封丹等国外寓言家的影响。冯雪峰没有明确地说明，但从其使用的喻体看，明显与中国传统讽喻有差别。

二　讽喻的类别

(一) 按喻体性质划分

现当代讽喻在喻体的内容上有一明显特征，即它是以拟人化的动植物故事为主体，而世情故事为喻体者极少。如《雪峰寓言·续编》收录111篇讽喻作品，拟人故事占89篇，世情故事仅22篇；《黄瑞云寓言》收录作品411篇，世情故事仅40篇，拟人化故事为371篇。可见这与历史上的讽喻特别是先秦讽喻有很大的差异。

1. 世情故事类讽喻

①在从前时候，某一将其横行的国度，有一群山盗，却为了一种必要，宣布了改邪归正，弃贼从良了。他们在忠义堂上开着第一次的归正后的会议，有非常隆盛的仪式。

“众位弟兄，咱们已经不是强盗，而是正人君子了。咱们就要做给人们看，咱们脸上早已没有盗贼的踪影了。”那做主席的，致了开会辞。全体弟兄都一致拥护这说话，鼓掌与欢呼的声浪十足波及到五里远。接着就举行宣誓式，全体都以虔诚严肃的高朗的声调，跟着主席一字一字地读了这样的誓辞：“吾等今后誓为良善之人民，如再有盗贼之行为，甘受天诛与地伐！”

然而忽然他们都鸦雀无声，脸色如土了。他们面面相觑，四顾环视，竟没有看见每次在忠义聚会必定悬挂的那一面盗旗！——这面旗竟忘记挂了。

“咱们犯了多么大的错误呵！”

“居然每个人都忘了！”

“咱们全体成为咱们自己的叛徒了！”

“咱们这儿没有一个外人，全是自家强盗朋友，怎么可以开会不挂盗旗！”

“民无信不立！咱们开会不挂自家儿旗，是公开欺骗老百姓！”

“赶快，赶快！挂起来！”

“挂起来！”

全体人们就都疯了似地轰着去寻找那一面他们的旗。

为了取信于民，所以在他们宣誓了归正的第一次大会上，仍是飘扬着那面绣着八个贴金大字——“替天行盗，杀人放火”的大旗。(《雪峰寓言·山盗和他们的旗》)

②颜回悲哀地走进孔子的神庙，一看到孔子就忍不住哭了。

“回，你哭什么？”孔子问。

“夫子”，颜回说，“您知道世间的情况吗？”

“不太清楚。”

颜回报告说：“人世间的事真难捉摸，前些年曾对反派革过命，现在却对文化革起命来了，而且要大革命。最近掀起了一个打倒您的高潮。我下去调查了一下，报刊上发表了四十万篇文章批判您，那些铺天盖地的大字报上的谩骂还未曾统计，也无法统计。”

“用得着去统计吗？”孔子说。

“夫子！”颜回急了，说道，“您在历史上有着如此崇高的地位，而今在您离开人世两千四百五十年以后，竟然还需要人们用四十八万篇文章来进行批判，我还有什么要难过的呢！你要知道，一生没有得到过任何毁谤的人，未必是那么可取的人；得过无数毁谤却经得起毁谤的人，很可能是真有价值的人。”

一九七五年七月，武昌

（《黄瑞云寓言·孔子答颜回》）

例①是讽刺军阀，他们在口头上是“替天行道”，实与占山为王的强盗无异，干的是杀人放火的勾当；例②黄先生是讽刺“四人帮”批孔。

2. 拟人故事类讽喻

①水獭为了证明自己决不是顽固的，闭塞的动物，所以也常常去听听海鸥们的奇谈，因为海鸥们常到各处去游历，知道这很多的新知识的。有一天，海鸥告诉它说：“喂，老总，听到过么，现在是一个新世纪，叫做人民的世纪哩。”

“那么人民又是什么呢？”水獭还马上追问海鸥道，并不想掩盖自己的没有学问。

“人民么，唔，那是非常地，非常地重要的东西，一切大人物，譬如什么主席呀，委员呀，还有一切官，一切高贵的人，统统都是靠人民为生的，所以，一切他们都十分看重人民，竭力去和人民亲近呢。”海鸥解释道。

但是水獭还是不懂，它只好再问：“喂，请说具体一点呀。这样好，这样重要的人民，到底是什么呢？”

“唉，还不够明白么，假如你是一位主席或者是一个大官，那么鱼就是你的人民呀。”海鸥譬喻地说。

这回水獭是懂啦，它觉得很有意思，高兴地说："不错，你说得不错，这种新说很有道理！这决不是一种邪说，我相信得过的；唔，我也准备接受它呢。真的，我的人民就是鱼。对于我，还有什么比鱼更重要，更可爱的呀！那么，我自然和鱼多亲近，怕还做不成新时代里的一个人民领袖么！"

本来水獭是只在夜间去和鱼亲近的，把随意捉到的鱼的血，胡乱的饮吸一番，吸个八九分饱也就懒得再吸啦；但现在，却是人民的世纪，它又是新时代的人民领袖，所以就不分昼夜都去追逐鱼，加倍地亲热，发狂一般和每一个鱼都要抱吻一场了。而浮在水上的死鱼也就像落日一般，从未有过的那么多了哩。(《雪峰寓言·水獭和鱼》)

②一个老虎，因为万分残暴，就被人们打死，然而人们珍视它的皮，剥下来挂在墙上，作为一个优美的展览。

一个猫，它对于形式逻辑确是有研究的，所以它把这件事情从头到尾都看在眼里以后，也让自己编出这样一个公式来了，"残暴所以被人打死，打死所以被崇拜为英雄，于是，要做英雄就必须残暴"。

而且它很相信这个公式的正确，很想把自己也做成一个英雄，因而也拼命地残暴起来：抓破地毯啦，碰碎碗碟啦，咬死小鸡并去抓伤人们的手啦，等等。

结果人们就把它活活地绞死，倒头悬挂在野间的树上，可并没有剥下它的皮。(《黄瑞云寓言·猫和它的形式逻辑》)

③猿对人说："学者说，猿和人是同源的，所以我们现在还很像人。"人不能否认，因为学者确实证明过。

熊对猿说："熊和猿一样能用两脚走路，我们其实是很像猿的。"猿不表示异议。

狗对熊说："人们常说狗熊狗熊，说明狗是很像熊的。"熊表示同意。

狗为此高兴了，它宣布："我们是很像人的——因为狗很像熊，熊很像猿，猿很像人；自然，狗也就一定很像人。"

——忽略事物之间的本质区别，而把非本质的相似点过分强调，并且连锁地引申下去，就必然导致荒谬的结论。(《黄瑞云寓言·人、猿、熊和狗》)

例①水獭自称是民主时代人民（鱼）的领袖，干的却是吃鱼的勾当，此喻当时统治者口头上喊着“民主”“民权”的新名词，实质上却是封建暴君；例②将残忍行为当英雄行为。猫的下场是可悲的，从此讽刺那个崇尚暴力的黑暗时代。

（二）按讽喻的结构划分

1. 明喻式讽喻

①有一个猫，凶得很的，去偷袭一群鸡，鸡于是受伤的就很多。不料那些鸡也就拖住猫不放。猫因此不能脱身，而他就声言法律解决。他去请猫头鹰做法官，他自己做检举人，控告这些受伤的鸡。在法庭上，他咳嗽了两声，捋捋胡子，说道：

“法官，请听！这些鸡都是凶杀犯！凶杀犯！你问行凶的证据么，那就是他们自己的受伤呀，因为他们是互杀！你听清楚了罢，互杀！谁是证人呢，我就是！所以我来检举啦。”

猫头鹰法官，虽说不怕任何人，却也有些怕猫，所以马上敲着惊堂木向鸡们呵斥道：

“猫先生凭他的正义和良心，检举你们这些暴徒！哼，混账东西，还想抵赖么？全体关起来再说！”

可不料，猫反而请示法官从轻发落这些可怜的囚徒，他变得那么宽恕而同情地说：

“不过，法官，他们多么值得怜悯，因为他们的犯法，由于他们的糊涂！他们怎样的糊涂呵，自己打自己！然而国家用法总以仁慈为怀，本人提议还是把他们都释放了罢。但是，但须一个一个释放，免得他们在路上又互相打了起来，而我也可以在门口点一点他们的数目，交给我负责护送他们回家。”

猫的打算，很是周密，因为如果就在法庭门口一个一个咬死鸡们，那是决不会再有被拖住的危险了。然而没有想得那么周到的猫头鹰法官，却只一味地主张严刑峻法，他马上声色俱厉地下了判决了：

“不，不，国家用法，为的是除暴安良。这些凶犯，罪证确凿，我决不宽待！现在一律把他们处以八年以下五年以上的徒刑，即日执行！好，退堂！”

猫还想再争执，但猫头鹰法官早已退走不见了，而鸡们也已经关在铁笼子里。猫在铁笼子外面绕了两个圈子，一时没有办法，也只好大失所望地暂且走开了。

但这时候，鸡们看看可真是喜出望外了，他们都有很感激猫头鹰，还把他看成为他们的再生父母呢。并且，不光这些关在牢里的鸡，后来甚至于所有的鸡，都歌颂着猫头鹰的恩德呢，他们这样说：

“一个最有良心的法官呀，简直是现代的包大人呢！只有他，是拿法律的威权保护咱们小百姓的，真是顶呱呱！”

猫头鹰就成为闻名天下的人物，好像是一个救世主。而他自己也很高兴，常常和他的朋友，学生，或者子侄辈，谈起这件事说：

“唔，那是真有些出于意料之外的。然而仔细想想，可也一点都不奇怪了。尽管我用怎么的枉法和严刑去对付那些无辜的受损害者，却都反而说是保护了他们哩。那么，我得到我的名誉，又有什么不应该的呢，你说?”（喻体）/（本体）有这样的时代：统治者杀戮人民甚至于无需应用严酷的法律，而人民反而依靠了枉法才或能苟延残喘。(《雪峰寓言·猫头鹰法官如何赢得盛誉》)

例①猫想吃鸡，竟想通过法律程序取得吃鸡的合法性，猫头鹰法官为主持公道竟靠枉法而使鸡们得救，此例讲出了黑暗社会中普通人民生活的无奈。

②当枪口对着鸟的时候，这鸟发表严正声明：“我抗议！你的行为是野蛮的！不道德的！伤天害理的！侵犯了我生存的权利，破坏了森林的和平，是一切正义的动物所不能容忍的！我向整个世界呼吁，一切有良心的人们应该起来制止这种恶劣行为！”

这鸟还引用了一大堆法律条文来论证它的声明的正义性。

不过枪弹还是射出来了，这鸟也就应声而毙。

——实力比任何声明都更为有效，不管那实力是多么的邪恶，也不管那声明是多么光明正大。(《黄瑞云寓言·鸟的声明》)

2. 借喻式讽喻

《雪峰寓言》基本是明喻：都要在讲究一段故事后以一段议论性文字提示喻义。而黄瑞云先生的讽喻作品因写在文禁最严酷的时代，很多话是不能直说的，所以更多地运用借喻形式来形成讽喻。

①慈禧太后有一次去看京剧，演的是绛侯诛诸吕的故事。当周勃出来指挥南军向未央宫进攻的时候，慈禧看了，勃然大怒道："吕后是君，周勃是臣，以臣伐君，简直是造反！"立即命令，把周勃拉下台来当场斩首。

侍候慈禧的太监告诉她："周勃已经死了两千年，这不过是个演员，不该杀的。"

慈禧又怒道："周勃死了这么久，他还在吹捧周勃，可见是周勃一党，正该斩首。"

回宫的路上，太监还在嘟嘟囔囔，继续为那个演员辩冤。慈禧压低声音叱道："你懂得什么！未必我不知道他是个演员？吕后朝廷上有周勃，你能说我的朝廷上就没有周勃？我是杀给他们看的！"

一九七六年四月读《吕太后本纪》后作（《慈禧斩周勃》）

②一个巫师供奉着一尊有名的神像，他经常为善男信女向神像顶礼膜拜，极端虔诚，神像面前香火不断。

有一天晚上，巫师床脚下的砖头坏了，一时找不到合适的砖块，巫师就把神像临时垫上。

他的妻子说："你平时对神像礼拜那样虔诚，现在用它垫床脚，不合适吧？"

"你知道什么！"巫师说，"我对神像的礼敬，是做给那些信神的人看的，对我自己来说，它不过是一段木头，正好可以垫床脚。"（《巫师和他的神像》）

③万国战略研究所的武器专家在一起研究。他们认为现代的各种战略武器，诸如原子弹、氢弹、X弹、Y弹，威力都不小，可惜存在着相同的副作用，它们严重地污染自然环境，破坏建筑设施，造成可怕的战场惨象。他们希望有一种武器，具有更大的威力，却没有那些副作用。后来有位专家宣布，他研制成功了这样一种理想

的武器，但在允许试用之前，必须保守技术秘密。

后来大家考虑，既然他的武器不污染自然环境，不破坏建筑设施，也不造成战场惨象，何不让他一试。达成协议以后，这位专家就向划定的有限地区发射了一枚这种炸弹。炸弹落地，既无灼目的闪光，也无震耳的声响，却出现了惊人的奇迹：它一爆炸，即散落下来衣冠楚楚的人物，尽是亲王、驸马、御史、尚书、太守、县令、总理、总统、部长、次官、主任、主席、局长、处长；有的峨冠博带，有的西装革履。原来炸弹爆出了自古至今各色各样的官僚。他们落地以后，一个个抢占地盘，争夺岗位，发号施令，征徭纳税；没过多大一会那个地区的就根本无法生存。

那名专家解释说："我的飞弹名字叫做'官僚'，看到没有，它有多么厉害!"

大家目瞪口呆，说道："确实的，世界上最可怕的莫过于官僚爆炸。先生们，但愿我们这儿永远不要发生这种灾难。"（《新战略武器》）

④一个鬼在地狱里表现出色，被提到天上当差。但没有多久，这鬼却逃回来了。

它的伙伴问："听说天堂里尽是琼楼玉宇，三十三天通明透亮，一片光华灿烂，是真的吗?"

"确实是真的。"

"这么好的地方，你为什么要逃回来呢?"

"你不知道"，我鬼回答说，"在地狱里，大多都是鬼，平时也就这么过。一到天堂，哪一个角落里都是神，碰到谁都得磕头，听他的叫唤。我现在才明白：鬼多于神的地方，做鬼也不难；神多于鬼的地方，在那儿做鬼简直别想活。"

——上帝应该懂得，鬼和神应该有一定的比例。(《神与鬼》)

以上几例讽喻都没有点明寓意，但寓意却十分明了：例①慈禧看戏反感周勃诛诸吕，正是讽刺江青自比吕后；例②巫师对神的虔诚是给外人看的，自己并不信神，这说明那些在当今政治生活中造神的人，自己并无信仰；例③原子弹的威力人所共知，但都不及"官僚"这个最新战略武器，官僚所到之处，民不聊生，比什么样的毁灭性武器破坏力都大；例④鬼不愿上天堂，因为天堂里神太多，鬼太少，做鬼太苦，此讽刺个别地方官员队伍太庞大、做实事的人又太少。

三　讽喻与文体

（一）讽喻以“寓言”为固定的文体形式

这一时期有不少西方喻言作品，如《伊索寓言》《克雷洛夫寓言》《拉封丹寓言》及印度《五卷书》先后介绍到我国，受此影响这时的讽喻已经有了“寓言”这种固定的文体形式，出现了冯雪峰、黄瑞云等寓言创作知名作家。此外张天翼、叶圣陶等作家也写了不少寓言（寓言例见前所列冯雪峰、黄瑞云作品例）。

（二）产生了诗歌体讽喻

随着寓言的出现，有些作者试图以诗歌形式创作讽喻作品，其中最有成就者当为刘征。他创作了大量的讽喻性的喻言诗，《山泉戒》《木偶探险记》《海燕戒》《小象架桥》都是其名作。黄瑞云亦偶有所作。今各举一例。

①一道亮晶晶的山泉，/从尺青峰飞下来。/像一柄劈天的长剑，像一道穿云的虹彩。

他用沉雷般的吼声发誓：/“一定要奔入大海！/哪怕千峰万岭拦路，/哪怕一路风吹日晒！”

于是他向山脚流去，/看见一堆堆宝石晶莹可爱。/他想：“白白放过多么可惜，/不如随身带上几块。”……于是它一天天胖得发肿，/身上布满黑色的霉苔。/没过多久就完全腐臭。/一阵黄沙把它最后掩埋。

为了穿山跳峡奔流到海。/奔腾的浪花不能染一点尘埃。（刘征《山泉戒》）

②虎豹豺狼都是我们凶恶的敌人，/天上的鹰鹫也威胁我们的生存。/感谢这广大而宽厚的世界，/还留有些地洞让我们藏身。

谁要杀害我们就让它们杀吧，/上帝会哀怜我们献身的精神。/生育的速度使我们差以自慰，/我们仍可以孳生大量的子孙。（《黄

瑞云寓言·兔子哲学》)

此则讽喻诗作是讽刺性的作品，讽刺兔子面对强敌不能积极抗争，反倒阿Q主义地自我安慰。诗歌形式不及散文自由，所以诗歌形式的讽喻是极其少见的。

第六章　喻类辞格理据及功能

第一节　比喻的理据及功能

一　历史上的比喻研究

比喻是历史最为悠久、最被人所乐用的辞格。伴随着比喻的发展，历史上也持续不断地对比喻进行着理论探讨。而这种对比喻的理论研究也一直是针对每一历史时期的比喻现状而进行的，因之可以说比喻的演变史也一直伴随着比喻研究的演变史。从这里我们也可以看出修辞史与修辞学史是相辅而行的。因此简要地梳理比喻研究史有利于理解比喻的演变历程。

对比喻研究史，宗廷虎、陈光磊主编的《中国修辞学通史》①，冯广艺所著《汉语比喻研究史》② 先后作过系统的梳理。这里我们仅介绍古今影响较大的四家。

（一）魏晋时期刘勰《文心雕龙》的比喻理论

两汉时期经秦火之余，对先秦典籍进行了大规模的整理和注释。所以此时的比喻理论有很多还是在学者的解经过程中出现的，且其研究范围也产生了变化。然魏晋学术与汉大异，学术脱离经学而独立，其时以刘勰《文心雕龙》为代表的文学理论著作开始对比喻作专题研究。

刘勰的《文心雕龙》立有“比兴”一篇，专题阐发作者对比喻的见解，是历史上第一次较为系统地研究比喻，但我们认为其中有关如何

---

① 宗廷虎、陈光磊主编：《中国修辞学通史》，吉林教育出版社 1998 年版。

② 冯广艺：《汉语比喻研究史》，湖北教育出版社 2002 年版。

运用比喻的见解最为精辟，是刘氏比喻理论的精华。正如冯广艺先生于《汉语比喻研究史》中所论："对于怎样用好比喻这一点，刘勰论述得最为透彻，可以说代表了中国古代修辞学理论的最高水平。"①

刘勰有关如何运用比喻的理论可概括为两点。

第一，"物虽胡越，合则肝胆"。

"物虽胡越"是说比喻的本体与喻体是相距甚远、差别极大的事物，这就是现代比喻论所说的本体与喻体应有相异性；"合则肝胆"是讲本体与喻体在某一点上极其相似，如肝胆相依般密切。总之，这里从相异性与相似点两方面说明了比喻的两个基本要求。如刘勰举例"麻衣如雪"之中"麻衣"与"雪"是相距甚远、毫不相干的事物，所以说像最北方的胡与最南方的越相距实远，但是二者之间又有一点相同，即洁白，所以有"合则肝胆"。

刘勰的这一主张对后世影响很大。清代吴曾祺说："刘彦和所谓'物虽胡越，合则肝胆'可谓善言设喻之用也已。"钱锺书先生说："不同处愈多愈大，则相同处愈有烘托；分得愈远，则合得愈出人意表，比喻就愈新颖。古罗马修辞学早指出，相比的事物间距离愈大（longius），比喻的效果愈新奇创解。"（《谈〈拉奥孔〉》）

第二，比喻"以切至为贵"。

①故此类虽繁，以切至为贵，若刻鹄类鹜，则无所取焉。（《文心雕龙·比兴》）

"且至"即比喻要贴切、妥当，也就是本体与喻体之间必须有相似点，且相似点要符合社会大众的生活经验和联想心理，能引起接受者的共鸣。

刘勰在历史上第一次论述了比兴的异同：

②比显而兴隐哉？故比者，附也；兴者，起也。附理着，切类以指事，起情者，依微以拟议。（《文心雕龙·比兴》）

---

① 冯广艺：《汉语比喻研究史》，湖北教育出版社2002年版，第90页。

刘说包含两点：其一，比与兴是同类的——都是比喻，差别只在“比”是明显的比喻，而“兴”是一种喻义曲折隐晦的比喻；其二，比兴二者结构不同，“兴者，起也”，兴是一种喻体在前引起本体的比喻。刘勰的观点对后世影响是最大的。我们认为这是传统比喻所必须遵从的基本法则。不具备相似性的比喻就是不“且至”，就是“刻鹄类鹜”。古希腊的亚里士多德在其《修辞学》中也有类似的观点：“使用隐喻字跟使用动词一样，必须求其适合，只要注意到相似点就行了，否则就会显示出不适合的情况。”①

（二）南宋陈骙《文则》的比喻理论

南宋陈骙的《文则》是我国第一部修辞学专著，其中对比喻的论述集前人之大成，同时陈氏在历史上第一次对比喻作了详细的分类。

陈骙将比喻分为十类，他说，取喻之法，大概有十，略条之后：

一曰直喻，或言犹，若言若，或言如，或言似，灼然可见。《孟子》曰：“犹缘木而求鱼也。”《书》曰：“若朽索之驭六马。”《论语》曰：“譬如北辰。”《庄子》曰：“凄然似秋。”此类是也。

二曰隐喻：其文虽晦，义则可寻。《礼记》曰：“诸侯不下渔色。”《国语》曰：“没平公，军无秕政。”……此类是也。

三曰类喻，取其一类，以次喻之。《书》曰：“王者惟岁，卿士惟月，师惟日。”岁月日一类也。贾谊《新书》曰：“天子如堂，辟臣如陛，众庶如地。”堂陛地一类也。此类是也。

四曰诘喻，虽为喻文，似成诘难。《论语》曰：“虎兕出于柙，龟玉毁于椟中，是谁之过欤?”《左氏传》曰：“人之有墙，以蔽焉也，墙之隙坏，谁之咎也。”此类是也。

五曰对喻，先比后证，上下相符。《庄子》曰：“鱼相忘乎江湖，人相忘乎道术。”《荀子》曰：“流丸止于瓯臾，流言止于智者。”此类是也。

① ［古希腊］亚里士多德：《修辞学》，生活·读书·新知三联书店 1991 年版，第 150 页。

六曰博喻，取以为喻，不一而足。《书》曰："若金，用汝作砺，若济巨川，用汝作舟楫，若大旱，用汝作霖雨。"

七曰简喻，其文虽略，其言甚明。《左氏传》曰："名，德之舆也。"《杨子》曰："仁，宅也。"此类是也。

八曰详喻，须假多辞，然后义显。《荀子》曰："夫耀蝉者，务在乎明其火，振其树而已，火不明，虽振其树无益也；今人主有能明其德，则天下归之，若蝉之归明火也。"此类是也。

九曰引喻，援取前言，以证其事。《左氏传》曰："谚所谓'庇焉而纵寻斧焉'者也。"……此类是也。

十曰虚喻，既不指物，亦不指事。《论语》喻曰："其言似不足者。"《老子》曰："飂兮似无所止。"此类是也。①

陈氏的比喻分类有两点是值得大书特书的，其一，陈氏是历史上第一次对比喻作系统分类，且分类细致的人。其二，陈氏的分类有明显的看重语言形式的倾向。如"直喻"陈氏是以"犹""若""如""似"等喻词为判断标志；"类喻"以喻体的意义关系为标准；"对喻"以本体与喻体的位置来作判断标准。

《文则》对比喻的分类对后世的影响是巨大的。20 世纪不少修辞学著述都吸收了陈骙的比喻分类成果，如陈氏的"直喻"即为今天的明喻详式，"对喻"即《修辞学发凡》所列明喻的略式（今多称为"引喻"），而"博喻"概念则一直被今人沿用。

（三）陈望道比喻理论

陈望道《修辞学发凡》在中国修辞学史上具有划时代的意义。这部著作建立了一个崭新的、理论严密的修辞学体系。这部著作所提出的基本理论原则、所昭示的学科研究方法至今仍在学术界产生巨大的学术影响，今日对比喻的研究也深受陈先生影响。

我们认为自《修辞学发凡》问世以来，比喻研究有三条值得我们关注。

① 宗廷虎、李金苓：《中国修辞学通史·隋唐五代宋金元卷》，吉林教育出版社 1998 年版，第 369—371 页。

1. 从形式出发对比喻进行科学分类

在《修辞学发凡》问世之前，比喻的分类十分复杂，其病在划分角度不一致，以至于分之类多而复杂，且各类别分野不明晰，有交叉、模糊之处。陈望道先生严格地从比喻形式出发，根据比喻的三大形式要素（本体、喻体、比喻词）的隐显及比喻词的性质将比喻划分为明喻、隐喻、借喻三大类。三类之下又统摄若干小类。这样切分角度统一，条分缕析，划界清晰，统摄无遗。而且陈望道的分类原则体现了修辞学的语言学科性质，真正突出了语言本位。所以较之其他的分类更合理、更科学，是至今仍一直遵循的分类，有些学者虽在个别细节上有补充，但在总体上仍是遵循陈望道先生的分类的。

2. 关于比喻运用原则的探讨

陈望道关于用比的要求，作者认为："要用譬喻，约有两个重要点必须留神：一、譬喻和被譬喻的两个事物必须有一点极其类似；二、譬喻和被譬喻的两个事物又必须在其整体上极其不相同。倘缺第一个要点，譬喻当然不能成立；若缺第一个要点，修辞学上也不能称为譬喻。"① 陈望道在这里强调本体与喻体所代表的事物必须存在类属上的差异，同时又必须在外形或性质上存一点相同，也就是如刘勰《文心雕龙·比兴》中所说"物虽胡越，合则肝胆"。

（四）钱锺书比喻理论

钱氏比喻运用理论主张比喻当新奇、与众不同、出人意表。他在《七缀集·读〈拉奥孔〉》中认为：本体与喻体"不同处愈多愈大，则相同处愈有烘托；分得愈远，则合得出人意表，比喻就愈新颖，古罗马修辞学早指出，相比的事物距离愈大（logius），比喻的效果愈新奇创辟"②。从古至今的比喻理论也都强调本体与喻体的差别（如陈望道先生）但指的是二者在反映事物上的类属差异。钱先生的差异更多的是指本体与喻体二者之间在情韵、理趣，亦即感情色彩、内在本质上的差异。钱氏另于《管锥编》中有"取鄙琐物"为喻的主张。钱氏有云：

---

① 陈望道：《修辞学发凡》，上海教育出版社 1997 年版，第 72—77 页。

② 钱锺书：《七缀集》，生活·读书·新知三联书店 2002 年版，第 44 页。

“取譬于家常切身之鄙琐事物，高远者狎言之，洪大者纤言之。”① 这里以鄙琐污秽之物喻高远宏大之物，就是对本体与喻体差异所作的说明。钱先生在《围城》一书中的比喻在实践上印证了他自己的主张，钱先生把留学生文凭比作亚当、夏娃身下的“那片树叶”，将某人说话多而快比成“泻肚子下痢”，等等。都是使人出乎意料的比喻。

二 比喻的理据

（一）比喻的思维机制：相似联想

比喻植根于人类的思维，是相似联想的结果，在日常的认知活动中，相似联想是最为重要的一种认知方式。

人类认识世界不能无所依凭，不能从零开始，人们认识新的事物都要以人们已有的经验和知识为基础，如：认识数量关系需要已知的数学知识，认识疾病需要一定的医学知识。但是，相对于无限丰富的外部世界，人们已有的经验和知识是极其有限的。这样，在认知活动中不可避免地出现以有限的经验模式去解释无限的未知世界的矛盾，于是在认知活动中人们就依据新事物与经验中的事物的“相似性”对新事物归类。且在这种依据“相似性”给事物归类的过程中，人们有时往往不是依据事物间“质”的相似去归类，而是依据事物间外部的“象”进行归类（尤其在人类的童年时代）。这种现象在语言的词源结构中表现得非常明显。如汉语的词源中：

山边曰“崖”；水边曰“涯”。

外城曰“郭”；外棺曰“椁”。

睡醒曰“寤”；觉醒曰“悟”。

凡分叉者，在水曰“汊”；在木为“杈”；在衣为“衩”。

肋骨相连曰“骿”；两马并驾曰“骈”。

两力相交曰“拼”；男女和合曰“姘”。

山高为“峻”；马雄健高大曰“骏”；人才德超群曰“俊”。

从“叚”者皆有赤义。《说文》：“瑕，玉小赤也。”“霞，赤云气也。”“騢，马赤白杂毛，色似鰕。”段注：“鰕鱼，谓今之蝦。蝦略有

① 钱锺书：《管锥编》，中华书局1979年版，第748页。

红色。凡叚声多有红义。”

可见，按事物之间的相似性来给未知事物归类，是人类重要的认知方式，人类正是通过这种类比的方式将未知事物与已知事物联系起来，从而扩大自己的认知域。

这种依据事物的相似性来认知新事物的方式不仅出现于人类社会的早期，即便是科技高度发达的今天，以相似性为依据的比喻思维在今天日常生活语言中、在科学论证中，在哲学思辨中也都是大量存在的。就日常语言而论：山头、山脚、山腰是以人喻山体的位置。在科学术语中“光波”“电流”是以水喻光和电的特性。

这种相似联想的思维或类比性思维不仅出现在命名活动中扩大认知域，而且也是由已知推向未知的科学发现和发明的重要思维方法。科学的仿生学就是如此，如人们依据蜘蛛的原理发明了纺织机，按照鱼的生理特性发明了潜水艇，由飞鸟的启示发明了飞机（飞机翼吸收了鹰翅原理），我国古代鲁班根据茅草发明了锯，这都是相似性思维的结果。

从以上事实可见，以相似性为依据的类比思维在归纳（给事物归类）和推理（由已知创造出新事物）中都是非常重要的。可以说相似联想是人类极为重要的认知方式。

比喻就是树根于人类这种十分普遍的、重要的认知方式。比喻的本体都是写说者当下面对的事物，而喻体则是写说者记忆中的事物，由于二者之间的某点相似，就由本体事物联想到喻体事物。如：

①雨洗后的草原更加清新碧绿，像块巨大的蓝宝石。（碧野《天山景物记》）

②而我们的骏马呀，又箭一般向前方发射！（郭小川《昆仑行》）

③山楂树上缀满了一颗颗红玛瑙似的果子。（峻青《秋色赋》）

例①“雨洗后的草原”是作者的眼前景为本体，与作者记忆中“蓝宝石”（喻体）在“碧绿”这一点相似，诱发了联想；例②骏马的奔驰是眼前景，与射箭在“快速”上相似，诱发作者联想；例③山楂果又是眼前景，“红玛瑙”是作者记忆中的物象，二者在外形和色泽上相似，引起作者联想。

因之，比喻的基础首先是植根于人类普遍存在的相似联想。

（二）比喻的文化成因："天人合一"的文化传统

各民族都运用比喻，而比起西方文化背景，我们的比喻应用面要广得多。比喻用于文学这在各个民族是共同的，但在进行理论思辨时，西方从古至今都很少运用比喻。这方面先秦诸子的著作与古希腊圣哲柏拉图、亚里士多德的著作大相异趣；古希腊完全是抽象的逻辑推演，而先秦诸子则妙喻连篇。这种差异是古希腊人已经是"天人相分"，而先秦是"天人合一"——认为"自然与人都遵从同一规律、同一道理"。

中西文化传统中思维方式的不同是文明发展到一定阶段产生的。在人类社会的早期，人们普遍的观念是"天人合一"。

"天人合一"最开始产生于早期人类对自然界的解释过程中。作为智慧生物，"解惑机制"是人类普遍的心理机制——人们总是力图对所面对的未知事物作出自己的解释。人类强烈的好奇心总是对世上的一切作出解释。初民对万物的解释是非逻辑的，是一种形象的类比思维，类比就得从新旧事物中去发现相似点，而初民有关外在事物的感性经验模式又极为有限。这样，进行类比的参照系统往往就是人自身——人经过自我体验对自身是了解的，这就产生了"以己度物"的解释方式，认为万物与人同构同理。对此 18 世纪意大利思想家维柯在其《新科学》中有非常详细的论述。他认为："人们在认识不到产生事物的自然原因，而且也不能拿同类事物进行类比来说明这些原因时，人们就把自己的本性移加到那些事物上去"，"人在无知中就把他自己当作权衡世间一切事物的标准"。①

早期人类这种"天人合一"物我不分的认知方式随着对外部世界知识的增加而有所改变。至此也许有人认为古代中国人的"天人合一"是古代中国人的智力水平不及古希腊人。这种看法是错误的。人类的各种观念都是生活环境的产物，我国传统认知方式与古希腊不同是由两个民族的生存条件决定的。古希腊是众多岛屿构成的海洋民族，海上生存恶劣的环境迫使他们要把主要精力放在对自然界的探索上，正因如此，

① ［意］维柯：《新科学》，人民文学出版社 1986 年版，第 97 页。

古希腊文化开启了现代西方自然科学。由于自然知识的丰富，所以古希腊人很早就是天人相分，认为自然与人各有其规律，两不相谋。中国是一个内陆型农耕大国，自然环境非常优越，人与自然和谐相处，这样人在情感上对自然的亲切和在认知上对自然的远离，使我国先民没有从“天人合一”的古老传统中改变过来。同时中国文化发端时期适逢礼崩乐坏的春秋战国，对人生和社会问题的思考耗尽了先哲全部的精力，他们无暇思索自然现象，先哲们永远是以人为中心来思考天人关系，以自然现象来论证社会现象。这使得我国古代理论著作与古希腊的理论著作大相异趣。且看古代理论著作以物喻人：

①天长地久。天地所以能长且久者，以其不自生。是以圣人后其身而身先，外其身而身存。

②天行不信，不能成岁；地行不信，草木不大。春之德风，风不信，其华不盛，华不盛，则果实不生；夏之德暑，暑不信，其土不肥，土不肥，则长遂不精；秋之德雨，雨不信，其谷不坚，谷不坚，则五种不成；冬之德寒，寒不信，其地不刚，地不刚，则冻闭不开。天地之大，四时之化，而犹不能以不信成物，又况乎人事？君臣不信，则百姓诽谤，社稷不宁；处官不信，则少不畏长，贵贱相轻；……信而又信，重袭于身，乃通于天。以此治人，则膏雨甘露降矣，寒暑四时当矣。(《吕氏春秋·贵信》)

以上两例都是典型的以物理喻人事：例①以天地不为自己而生喻圣人先人后己。在比喻语义结构上先以天地事为喻体，再以表因果联系的关联语“是以”连接下文的表人事的本体。以表明前后文之间的因果联系，充分说明天人同理；例②所有语境都明确无误地说明以物理言人事是基于认识上的天人同理。比喻大意是：天地四时都要以诚信成物，其后用。“天地之大，四时之化，而犹不能以不信成物，又况乎人事?”这一条件复句将物理与人事连接。最后，天人同理之间可以相互感应：只要人做到诚信，则天地感应，“膏雨甘露降”“寒暑四时当”。

从例①、例②分明可以看出，汉语的比喻与我国传统文化中“天人合一”的认知方式有密切的关系。自然现象之所以用作喻体来喻证社会现象，其认知上的根源就是古人认为“天人同理”。

（三）比喻与社会观念

比喻与社会的物质生活条件、社会的价值观念都有密切的关系。社会的物质生活只是决定比喻喻体的选材，不能影响修辞主体的主观意识。我们认为，比喻的产生离不开主体积极的创造，这其中修辞主体的价值观、审美观对比喻的创造有深刻的影响，因之，我们有必要分析不同的历史时代不同的价值观念对比喻的影响。

中华文明史尽管有几千年，但我们只根据性质切分为传统社会和现代社会。这样切分原因有二：其一，价值观植根于社会性质；其二，为方便计，不能对历史一一细分。

传统社会是宗法制社会，以儒家为代表的社会主流意识形态只强调“国”和“家”的重要，没有给“个人”留下空间，没有个人的权利的观念。社会只允许共性不允许个性。同时由于人们生命湮没于社会群体中，人们很少进行个体的精神内省，主体意识尚未觉醒。古人这种重群体、重共性、重客体的文化特征反映在修辞活动中就是：人们只是按世界展现在每个人面前的那种非常客观的样子来设喻，要求喻体能客观、准确地表现本体事物的特征，从而使本体与喻体之间的联想符合全社会共同的生活经验，也就是说本体与喻体之间的相似性必须是客观的，比喻文本在解读活动中有广泛的可接受性。

①肇我邦于有夏，若苗之有莠，若粟之有秕。（《尚书·仲虺之诰》）

②木受绳则直，金就砺则利。君子博学而日参省乎己，则知名而行无过矣。（《荀子·劝学》）

③民之望之，若天旱之望云霓也。（《孟子·滕文公下》）

以上比喻的喻体都取材于普遍的日常生活，本体与喻体间的相似性是非常客观的。例①是说夏王朝总是想灭商，把商比作禾苗里的杂草，谷粒中的空壳。杂草和空谷壳是势必要除掉的，这是全社会所有人所共知的常识，以此喻夏灭商之心非常直接。例②木与金属经过加工改造可以改良品质，这也是大众的生活经验，这正如君子经过学习可以提高自己一样。例③在农耕时代，干旱之时希望兴云布雨，这与人民盼望仁政的心情正相吻合。这些比喻都体现了古人重客观经验、重社会共性的特征。

现代文化观念产生重大变化。其一，现代人非常关注人自身，最明显的表现是现代哲学、社会学、心理学、伦理学，以极大的热情研究人的精神世界。这就是人的主体意识的觉醒。其二，随着政治的民主化、观念的多元化，社会越来越宽容个性，甚至鼓励、欣赏个性。文化思潮这种重主体、重个性的特征反映在设喻上就是现代比喻更重主观化、个性化，比喻所关注的是作者个人的独特感受，有时不太关注客观真实和社会群体生活经验。

④微笑从心里泡沫似地浮上脸来……（钱锺书《围城》）

⑤我的寂寞是一条蛇，静静地没有言语。（冯至《蛇》）

⑥月色仿佛一个年老的海盗，虽退守到砖墙的角落，他的眼睛犹青春地闪着光，手里还握着年轻时砍钝了的水手刀。（林清玄《冷月钟笛》）

⑦……他觉得他们两个都是非常寂寞的，像一丝没有花瓣的荔枝花。（林清玄《法圆师妹》）

上述比喻纯是作者独特的主观感受，社会大众是很难产生与作者相同的联想的。古代比喻追求贴切，现代比喻追求新奇独特，古今比喻这种差异只能从文化心态上来理解。

现代比喻不仅追求主观化、陌生化，在审美上也反传统。这在前文已经谈过。以丑喻美，喻体取卑俗、污秽之物在现代比喻中是很多的。

⑧我爱你，爱着你，好像老鼠爱大米。（杨臣刚《老鼠爱大米》）

⑨钟星握住了杨晶的手，激动得像一只随时都准备扑上去咬人的狗。（邱华栋《白昼的躁动》）

历代传统文学中把爱情是看得很神圣的，《诗经》中有“关关雎鸠”之喻，有“其颜如玉”之喻。唐诗有“春蚕到死丝方尽，蜡炬成灰泪始干”，都是写感情的圣洁和真挚。而现代诗文却以“老鼠”“狗”这些丑陋、污秽之物为喻，这种变化表现现代人在生活中丧失了神圣感、丧失了价值感，这是一种世界性的、世纪性的颓废情绪在比喻中的映射。总之可以看出时代精神对比喻的影响是巨大的。

三　比喻的功能

比喻的主要功能有三种。

（一）说明论证

汉民族是长于形象思维的民族，西方民族在论理时往往用逻辑方式，我国传统则好用比喻，越是上古越是如此。例如：

> ①在天者莫明于日月，在地者莫明于水火，在物者莫明于珠玉，在人者莫明于礼义：故日月不高，则光晖不赫；水火不积，则晖润不博；珠玉不睹乎外，则王公不以为宝；礼义不加于国家，则功名不白。(《荀子·天论》)
>
> ②“夫天不定，日月无所载；地不定，草木无所植；所立于身者不宁，是非无所形。”(《淮南子·俶真训》)

再如：

> ③夫华骝，绿耳，一日而至千里，然其使之搏兔，不如豺狼，伎能殊也。鸱夜撮蚤蚊，察分秋毫，昼日瞋目，不能见丘山，形性诡也。夫螣蛇游雾而腾，应龙乘云举，猨得木而捷，鱼得水而骛。故古之为车也，漆者不画，凿者不?；工无二伎，士不兼官，各守其职，不得相奸；人得其宜，物得其安；是以器械不苦，而职事不嫚。夫责少者易偿，职寡者易守，任轻者易劝；上操约者之分，下效易为之功，是以君臣弥久而不相厌。(《淮南子·主术训》)

以上几例相当于运用进行事实论证，而多项喻体就是多项论据。论点的成立全在多项喻体——论据的支撑。例①以日月、水火、珠玉为喻体说明“礼义不加于国家，则功名不白”的道理；例②以天地当有所定方能载日月、植草木为喻，说明心体不宁则不能显是非；特别是例③用“华骝”“鸱”“螣蛇”“应龙”“猨”“鱼”六项为喻，次用“古之为车”作类比，共同论证治国行政需分工。此类以比喻说理者古代甚多。

（二）形象描绘

比喻是文学作品中的形象化手段，从《诗经》到当代作品历代都如此。

①有女同车，颜如舜华……有女同车，颜如舜英……（《诗·郑风·有女同车》

②回乐峰前沙似雪，受降城外月如霜。（唐·李益《夜上受降城闻笛》）

③须臾之间，五嫂则至……裙前麝散，髻后龙盘……黑云裁两鬓，白雪分双齿。（唐·张鷟《游仙窟》）

例③以一系列的比喻描绘少妇五嫂的美貌。气息如麝，发髻如龙盘，鬓如黑云，齿如白雪。

④君不见高堂明镜悲白发，朝如青丝暮成雪。（唐·李白《将进酒》）

“朝如青丝暮成雪”，以比喻很形象地表达青春流逝之速。

⑤碧天如水月如眉，城头银漏迟。（宋·秦观《菩萨蛮》）

“碧天如水”描绘出夜空的空旷、清冷，“月如眉”描绘初月弯弯娟秀如女子之眉。

⑥长忆孤山，山在湖心如黛簇。（宋·潘阆《酒泉子·其五》）

词人以黛喻山之色，以簇状山之形。黛即古代女子画眉所用黛墨，青而带黑；簇者，攒集丛聚。比喻形象地描绘出湖心孤山幽蓝深苍翠，山峰攒簇，雄奇壮观。

⑦桐江好，烟漠漠。波似染，山如削。（宋·柳永《满江红》）

“波似染”喻桐江水清澈碧绿，“山如削”喻桐江两岸群山的峭拔、高耸。

上述例子都是以比喻描绘形象，以少胜多，简洁传神，历历如绘。

（三）婉曲达意

理不便明说，情不便直陈，可用比喻婉曲达意。最典型的用例是西汉枚乘《上书谏吴王》。枚乘初在吴王刘濞手下供职，吴王欲谋反，故乘上书劝谏。其上书在字面完全没有涉及吴王谋逆之事，全是通过比喻侧说谋逆之害：

①夫以一缕之任，系千钧之重，上悬无极之高，下垂不测之渊，虽甚愚之人，犹知哀其将绝也。马方骇，鼓而惊之；系方绝，又重镇之。系绝于天，不可复结；坠入深渊，难以复出。其出不出，间不容发。能听忠臣之言，百举必脱。必若所为，危于累卵，难于上天。变所欲为，易于反掌，安于泰山。（汉·枚乘《上书谏吴王》）

全文并未明言吴王“所为”为何事，只是通过一系列的比喻说明谋逆之害，用比喻就避免了对“谋逆”这种忌讳话题的直陈，不至于触怒吴王，同时也有利于保全自己。

纯文学的诗歌也可以用比喻婉曲达意，且以唐宋诗词为例。

诗歌发展至唐代更重婉曲，唐诗抒情达意往往避忌直陈，多采用比喻婉曲达意，如例②：

②树头树底觅残红，一片西飞一片东。自是桃花贪结子，错教人恨五更风。（唐·王建《宫词一百首之九十》）

王建宫词有很多是表现写抽象而实是感叹宫中女子凄苦的命运的。历史上有不少人对《宫词》第九十首婉曲达意赞叹不已。《陈辅之诗话》:“王建《宫词》荆公独爱其‘树头树底觅残红……’谓其意味深婉而悠久长也。”诗前两句以花落喻女子年老色衰，而“桃花贪结子”大约是喻宫中女子贪恋富贵。全诗不着一字，如就事直写则直陋了无诗意。再如:

③花萼楼前初种时，美人楼上斗腰肢。如今抛掷长街里，露叶如啼欲眼谁。(唐·刘禹锡《杨柳枝词九首其五》)

这首竹枝词表面写花开花落，实以借喻于夫子自道，前两句写自己得意之时，后两句“如今抛掷长街里”隐射自己因参与王叔文革新集团遭贬;“露叶如啼欲眼谁”是言自己的遭遇是自作自受不敢怨人。如《易》所谓:“自我致寇，又谁咎也。”

④洞房昨夜停红烛，待晓堂前拜舅姑。妆罢低声问夫婿，画眉深浅入时无。(唐·朱庆馀《近试上张籍水部》)

唐时士子在应试前，常以诗文献于显贵或知名文士，得其中揄扬，乃易登第。朱诗纯用此体，以借喻手段托新妇见舅姑喻举事见考官，“画眉深浅入时无”?实为探问自己学养是否有望被当世所重，但诗在字面上毫无痕迹。张籍接诗后对朱的才华大加赞赏，亦以诗酬答:

⑤越女新妆出镜心，自知明艳更沉吟。齐纨未足人间贵，一曲菱歌敌万金。(唐·张籍《酬朱庆馀》)

张籍酬诗亦纯用此体，以越女新妆喻朱生才华卓绝，以“自知明艳更沉吟”赞美朱生才高而恭谦的态度。后两句喻朱一诗作精美绝伦。求进身是不便直言的话题，双方都以比喻成诗，于正意不着一字，避免了直陈尴尬。

第二节　比拟的理据及功能

一　比拟的理据

不同的比拟方式有不同的形成机制，所以我们不能笼统地讨论比拟的成因。下面分类讨论几种常见的比拟成因。

（一）超句拟人形成：万物有灵

以语段语篇为单位的、依托故事将动植物人格化的拟人，在历史上产生最早，我们有必要对它形成的原因作探讨。

拟人是怎样产生的？远古之初人们何以将外物看成人的同类？

“万物有灵观”是先民对外界自然的最初的看法。早期人类将客观存在的自然对象加以拟人化、人格化。他们认为客观同自己一样是有生命、感情、意识、意志的。认为各种形式的生命在本质上是一体的、相互感应、彼此渗透、互相转换的。对原始思维的“万物有灵观”，西方哲学史上早在古希腊时期就有哲学家论述过，到 18 世纪意大利思想家维柯在其《新科学》中有较详细的阐述。按维柯的理论，对外物的拟人化是初民解惑机制所促成的，“以己度物”是初民解释未知对象的基本方式。他指出：“人们在认识不到产生事物的自然原因，而且也不能拿同类事物进行类比来说明这些原因时，人们就把自己的本性移加到那些事物上去。”“人在无知中就把他自己当作权衡世间一切事物的标准。”因之，初民“使无生命的事物显得具有感觉和情欲……让一些物体成为具有生命实质的真事真物，并用以己度物的方式，使它们也有感觉和情欲”。[①] 其后，英国人类学家泰勒以实验科学的方式，运用大量史前人类学考古材料，并采用现代田野观察手段以大量的现代原始部落的文化事实对“万物有灵观”作了系统研究和科学论证。泰勒认为：“日常经验的事实变为神话的最初和主要原因，是对万物有灵的信仰，而这些信仰达到了把自然拟人化的最高点……对于原始人的部落来说，

① ［意］维柯：《新科学》，人民文学出版社 1986 年版，第 97、180、181 页。

太阳和星星，树木和河流，云和风，都变成具有人身的灵性。”[①] 而且泰勒在历史上第一次将人类的原始思维同儿童的思维进行类比，认为原始人类的思维就如同儿童的思维：“甚至在文明国家，这种观念（指原始人的拟人观——引者注）也表现在儿童关于外在世界的早期理解力中，而我们不能不注意这是如何发生的。儿童容易理解的最初的实体就是人，而且主要是他们自己。因此，从人的观点所做的解释，就是对周围所发生的一切的最初的解释。”[②] 这种论证是科学的，因为个体的心理发展再现了人类群体的心理发展。在泰勒的基础上，弗雷泽、列维·布留尔对“万物有灵观”也作了大量研究。今天，“万物有灵观”成了解释原始思维的经典性结论。

笔者认为，初民之所以用“以己度物”的方式解释外部世界，将万物拟人化，是因为他们的思维方式是一种形象的类比思维。类比就得从新旧事物中去发现相似点，而初民有关外在事物的感性经验模式又是极为有限的。这样，进行类比的参照系更多的是人自身。由于人有生命即有情感、意志，因之就有运动。于是初民则颠倒这一因果顺序，认为事物凡运动就是生命与情感意志的体现。这样，日之出落、月之圆缺、草木之枯荣、波流之起伏，乃至雷鸣闪电、风动影移无一不是客观外物生命的情感意志的体现。这就将人自身的情感、意志当成了外在事物的特性，物我不分，主客不分。

（二）动作性拟人：移情与心物同构

动作性拟人在产生的心理依据上有两种：其一是移情，其二是心物同构，这两种是有关联的。下面分述之。

1. 由移情而产生的动作性拟人

人类的喜怒哀乐的情感，都要产生一定的心理能量，这种心理能量积到一定的强度就必然要宣泄，宣泄的方式是多途的，可以向亲友倾诉。而在对外物的审美状态中则表现为心理状态的投射，即将自我的状态投射于物，这种现象就是移情，因之，移情的起因为主体的客体化，让主体无法承受的心理能投之于客体。客体成了主体心理能量的承载

① ［英］爱德华·泰勒：《原始思维》，上海文艺出版社 1992 年版，第 285 页。

② 同上书，第 286 页。

物，客体成了另一个主体。其结果却又是客体的主体化。即本来独立于人而存在的纯粹客体在主体的眼中染上主体的特质，从而达到了审美层次的物我同一。

移情说是20世纪初德国哲学家立普斯提出的。其实我国古人早就注意到这种现象，清康熙年间（17世纪）赵臣瑗《山满楼笺注唐诗七言律》对李商隐诗注解：

①露如微霰下前池，月过回塘万竹悲。

浮世本来多聚散，红蕖何事亦离披。（唐·李商隐《七月二十九日崇让宅宴作》）竹有何悲？以我之悲心遇之，而如见其悲。华筵既收，喜宾尽去，触景伤情，不胜惆怅。（清·赵臣瑗《山满楼笺注唐诗七言律》）[①]

在这里，赵臣瑗就是以“移情”来解释“万竹悲”，从发生来说，是“以我之悲心遇之”，即：以自己的悲伤心态去感知事物，将自己的心情移注于客观外物。这就完成了主体之情的客体化。

由此，独立于人的“竹”发生了变化——带上了“我”的情感，这又完成了客体的主体化、人格化。所以拟人是在主客体互动中完成的。

这类由移情产生的拟人不少。

②长信宫中草，年年愁处生。故侵珠履迹，不使玉阶行。（唐·崔国辅《长信草》）

草为无情之物，君幸不至，“故侵”“不使”归怒于草。是将对人之怨归之于草。

③山月晓仍在，林风凉不绝。殷情如有情，惆怅令人别。（唐·王缙《别辋川别业》）

① 转引自陈伯海主编《唐诗汇评》下册，浙江教育出版社1995年版，第2468页。

近人俞陛云《诗境浅说》："山月林风，焉知惜别，而殷勤向客者，正见己之心爱辋川，随处皆堪留恋，觉无情之物，都若有情矣。"[①] 这段评论说明了移情，首先是人"心爱辋川"，然后移情于物，"觉无情之物，都若有情"。

④别梦依依到谢家，小廊回合曲阑斜。

多情只有春庭月，犹为离人照落花。（唐·张泌《寄人·其一》）

诗人张泌与邻女相恋，向多年不见，张梦回故地。因二人远隔千山万水，不能相见，所以写梦中景象，只有多情的月光为别分的人照着落花。因作者浓于情，所以觉眼中之月亦深深含情。

这种移情活动，全取决于主体的感情状态，与客观物的特性关系不大，上所举例中碧草、清风、明月以及前所举竹子，这些本体事物与人之间没有任何相似之处。所以，我们认为：移情产生的拟人是一种纯粹的情感投射。

2. 由心物同构而产生性状拟人

在学术界将移情说与同构说视为两种对立的学术观点，认为这是解释同一审美现象的两种不同的学说。从现象看，这种说法是值得讨论的。我们认为，移情说与心物同构说是可以用来解释不同类型的审美现象的，它们不是对立的，而是互补的。对于心物相融的拟人现象，有些必须以纯粹的移情来解释，有些则必须以心物同构来解释。

从性质上讲，移情与心物同构是有联系的，移情是纯粹的主体的情感活动，因为人类的强烈情感是动力性的，它可以弥散、外射，当情感能动地外射于物时，也就成了由心及物的移情。移情是心智活动的情感偏胜，它排斥了理性的参与。

有一种相关的情形是，人在以情观物时，有时会有理性的参与，主体通过理智的过滤、选择，发现与主体自身心理世界"同形同构"或"异质同构"关系的客观事物，并对此客观物进行情感投射。这就是由

① 俞陛云：《诗境浅说》，天津人民出版社2008年版，第113页。

心物同构而产生拟人。这种拟人，物自身与主体的形似是十分重要的。这在拟人文本中有很多实例。

①桃花开东园，含笑夸白日。（唐·李白《古风四十七》）

②去年今日此门中，人面桃花相映红。人面不知何处去，桃花依旧笑春风。（唐·崔护《题都城南庄》）

上两例都是桃花含笑。桃花之所以被拟人化，它的客观基础是，花如美人，桃花的娇艳美丽恰如妙龄女子的笑脸。这一拟人的基础是物与人的相似性。

③秋野明，秋风白。塘水漻漻虫啧啧。云根苔藓山上石，冷红泣露娇啼色。（唐·李贺《南山日中行》）

秋叶能泣，因露水如泪。

④映叶多情隐羞面，卧丛无力含醉妆。低娇笑容疑掩口，凝思怨人如断肠。（唐·白居易《牡丹芳》）

将牡丹拟美女，实因美女本如花。

⑤多情却似总无情，唯觉尊前笑不成。蜡烛有心还惜别，替人垂泪到天明。（唐·杜牧《离别》）

蜡烛之所以被拟人，因两条与人相似，其一，为照亮别人而燃烧自己，与痴情者相似。其二，烛泪长流又如人之泪流。

从以上实例可见，此类拟人都是以外物与人的相似为前提，这也可以看出比拟与比喻的共性都是由不同事物间的相似性产生的联想，将比拟看作广义的比喻是有道理的。

当然，在这个过程中，人的主观情感仍是占主导地位，客观外在事物仍是要受制于主观的心理状态的。我们所说的客观事物与人的“相同”“相似”是被人的心智所发现的相同、相似，不是纯客观的东西。所以完全相同的客体事物在不同的拟人文本中会展现出不同的性质。

⑥野水无情去不回，水边花好为谁开？（唐·罗隐《水边偶题》）

⑦唯余岩下多情水，犹解年年傍驿流。（唐·罗隐《筹笔驿》）

同一个诗人面临河水，一首是无情，一首是多情，这实质上是作者心态不同。因心态不同，河水在诗人眼中不仅情感性质不同且外部形态也不同，说无情是诗发现河水“去不回”，这是自然物性，作者是从这一物性出发言河水“无情”，而说河水多情，是发现河水环护曲绕“傍驿流”——这也是物性，作者是从这一物性出发而言河水“多情”。这里，物之性与人之情都是重要的。

（三）虚物拟物：始于夸张终于类推

虚物拟物在不同时代有不同成因，最初产生于唐宋实因夸张而起。后代则是类推而成。

唐宋时代虚物拟物，全是为强调愁苦类情绪的充盈、强烈，或称其成堆，或称其船载尚且载不动。

且看愁成堆之说：

①自别后，幽怨与闲愁，成堆积。（宋·柳永《满江红》）

②看朱成碧，惹闲愁堆积。（宋·柳永《倾杯乐》）

③凄恻，恨堆积。（宋·周邦彦《兰陵王·柳》）

愁以船载的说法更为普遍，且以宋代贺铸为例，贺铸共有虚物拟物七例，其中六例为以船载愁之说：

④小小兰舟，荡桨东风快，和愁载。（宋·贺铸《虞美人》）

⑤彩舟载得离愁动，无端更借樵风送。（宋·贺铸《菩萨蛮》）

⑥无端不系孤舟，载将多少离愁。（宋·贺铸《清平乐》）

⑦斗洒才供泪，扁舟只载愁。（宋·贺铸《南歌子》）

⑧愁随芳草，绿遍江南。（宋·贺铸《诉衷情》）

⑨住兰舟，载将离恨，转南浦……（宋·贺铸《绿头鸭》）

另一例即：

⑩多情多病，万斛闲愁量有剩。（宋·贺铸《木兰花》）

从例④至例⑩看，明显是夸张造成了最初的虚物形质化。宋至清共25例都体现了夸张的特征。

现代民间日常用语还常可见因夸张而起的虚物拟物，如“好话说了一箩筐”。

这种夸张造就了一种虚物形质化的固定形式。而形式一旦成熟是具有独立性的，它可以脱离最初的原因进行纯形式的类推：后代在此基础上完全脱离夸张，一切抽象之物都可形质化。如以下现当代用例就完全与夸张无关了。

⑪深巷的石板上，又击碎了一大片犬吠。（禾金《静夜小品》）

⑫岁月，和马轭上的铃铛纠缠/彻底作响。（北岛《十年之间》）

⑬一头青牛走来闲卧/慢慢地咀嚼碧绿的岁月/岁月在牛嘴里发出响声。（北岛《山中》）

（四）实物拟物：相似联想

实物拟物实依赖于相似联想，这类拟物的本体与拟体之间有很强的相似性，因之它的形成与比喻有共同的心理基础。如例：

①咱们老实，才有恶霸，咱们敢动力，恶霸就得夹着尾巴跑。（老舍《龙须沟》）

②用非所学的大学毕业生还成筐成箩地堆在那儿，哪年哪月轮到他呢？（张抗抗《在丘陵和湖畔，有一个人……》）

③她们看见不远的地方，那宽厚肥大的荷叶下面，有一个人的

脸，下半截身子长在水里。（孙犁《荷花淀》）

以上几例拟物本体与拟体间的相似性是非常明显的：例①本体“恶霸”拟体为狗，将恶霸拟为狗是因其凶恶如狗；例②本体为“学非所用的大学生”拟体是卖不出的货，二者在不受欢迎方面相同；例③将本体“民兵”拟为长在水中的植物，因民兵在水中一动不动如同水中的植物。

我们可以说，所有的实物拟物都是以相似联想为心理依据的。

二　比拟的功能

各种修辞手段都要达到一定的目的，追求一定的表达效果。比拟作为一种常用修辞手段，它有多方面的效果。

（一）比拟具有借景抒情功能

比拟，特别是情状拟人，最先只出现于诗歌中，从这种独特的分布中我们就可以发现它的抒情品质，比拟最突出的功能是抒情，当然这不是直抒胸臆，而是借助客观景物来宣泄作者内心的感情，让内在的情与外在的客观之景水乳交融。如：

①多情只有春庭月，犹为离人照落花。（唐·张泌《寄人》）

离开了思念中的女子，梦中回到故地，所恋不见了，物是人非，只有空中的明月是多情的。这是作者心中有情所以觉得月也多情。

②虫声竟夜引乡泪，蟋蟀何自知为愁？（唐·戎昱《客堂秋夕》）

虫声唧唧，彻夜长鸣，秋天到了，这是万物凋零令人伤感的季节，他乡客子更是如此。在强烈的情绪状态下，作者迁怒于蟋蟀。

③长条故惹行客，似牵衣待话，别情无限。（宋·周邦彦《六丑·蔷薇谢后作》）

人要离别了，花快凋零了，人与花都不忍别离，无限感伤，写花“长条故惹行客”“牵衣待话”“别情无限”，草木无情尚能如此地，人何以堪！

④自胡马窥江去后，废池乔木，犹厌言兵。（宋·姜夔《扬州慢》）

战争的苦难，人们不愿言及，无知的草木“犹厌言兵”，“犹”字可见作者是以夸张法抒情而形成拟人。

古代诗歌是专用来抒情的。所以拟人很多，在现当代的散文和小说中的描写中也还有很浓郁的抒情成分，所以也常以比拟手法于描写中寓抒情成分。

⑤天总是皱着眉头，太阳光如果还射到地面上，那也总是稀微的淡薄的。至于月亮，那更不必说，他只是偶然露也半面，用他那惨淡的眼光看一看这罪孽的人间，这是寡妇孤儿的眼光，眼睛里含着总算还没有干的眼泪。（瞿秋白《一种云》）

天“皱着眉头”充满了悲伤，月亮以“惨淡的眼光”看人间苦难。社会如此黑暗，天地日月都充满悲哀。作者拟人手法的运用通过天地日月的物象传达出对罪恶社会的痛恨。

小说往往运用拟人手法进行环境描写，让每一个物件都充满了人的感情，表现人物的内心活动。

⑥她看清楚了，那不是幻觉，那是于潮白的自行车！车身的黑漆已经开始剥脱，两个车圈却擦得贼亮。车座呢，不安分地把脖子伸得又高又长，做出一种出类拔萃的姿态来。车身的大梁因为碰撞过，曾经扭歪，虽然几经修饰，仍旧能够看出犯过事的痕迹。（杨东明《性爱的思辨》）

陆洁的丈夫于潮白有了情人，晚上一夜未归。陆洁深夜跟踪丈夫到情敌的楼下，看到了丈夫所骑的自行车。

这一段对自行车的描写是运用拟人手段进行的，表现了陆洁对丈夫的评价以及自己内心的情感，写自行车的过程中也写了人：两个车圈擦得“贼亮”与丈夫暗地偷情的地下行为相应；写车座“不安分地”也正是丈夫不安分，“脖子伸得又高又长，做出一种出类拔萃的姿态来”，正是反映丈夫于潮白自命不凡的个性；写车的大梁“几经修饰，仍旧能够看出犯过事的痕迹”，正是表现丈夫犯事后虽极力掩饰而又总露马脚的行为。这段拟人可谓将物的特性与人的性格融合为一，极为巧妙。

（二）比拟具有形象化功能

比拟具有形象化功能，表现在：其一，比拟可使无形之物形质化。其二，比拟有很多是建立在相似联想的基础上，可以以物象来表现人的动作特征。

1. 比拟化无形为有形

比拟的本体很多是无形的，可是经过比拟都赋予它们以形、以质、以色、以味。如：

①无情画舸……载将离恨归去。（宋·周邦彦《兰陵王·柳》）

②战争仍在门口窥伺着。（沙牧《苍天默默》）

③把失败接起来，焊上去，作为登山用的尼龙绳子和金属梯子。（徐迟《哥德巴赫猜想》）

④尽情地咀嚼，大风暴之后的宁静。（沙军《雁》）

上列例证中的“离恨”“战争”“失败”“宁静”都是无形无质的抽象事物。经比拟后，化为有形之物。

2. 比拟能形象地表现本体事物的形貌特征

汉语的比拟有很多是建立在相似联想的基础上的，本体与拟体事物间有很多明显的相似性。这类比拟正是通过拟体鲜明的物象特征对本体进行描绘，使本体事物更具形象色彩。

①这一天晴了，后半晌，我披着一片火红的霞光从海边回来。（杨朔《雪浪花》）

②我到了自家的房外，我母亲早已迎着出来了，接着便飞出了八岁的侄儿宏儿。（鲁迅《故乡》）

上两例，例①将红霞拟作衣服，形象地表现出晚霞包裹全身的景象；例②将小孩子拟作小鸟，“飞出来了”形象地表现出小孩子奔跑中伸展双臂如鸟展翅的样子。

（三）比拟具有陌生化功能

比拟能产生新颖、特异的美感，具有使对象陌生化的功能，其原因是，比拟中的本体事物是经过修辞变形的事物，就拟人而言，客观事物是没有人的特性的，但经拟人化后，天地间万物乃至心中的无形理念都有了人的特性；就拟物而言，各种事物有十分明晰的界限，彼此分明，不容混淆。但通过拟物，将人物化，或将此物彼物化。这一切使比拟的本体所表现的事物特性与人们在客观生活中所接触的事物具有十分强烈的反差。

①绿水解人意，为余西北流。（唐·李白《宿白鹭洲寄杨江宁》）

②碧檐斜送日，殷叶半凋霜。（唐·杜牧《华清宫三十韵》）

③蛛丝网落花，也要留春住。（元·薛昂《四块玉》）

上例中，流水、碧檐、蛛丝都是无生命之物，但经拟人化后都有了人的特性，这是生活中没有的。它只存在于修辞文本中，是人的心造之物，我们在进行修辞接受活动中，修辞文本的心造之物会与相应的生活原型产生强烈的对比，从而产生新异感觉。

本体所指涉的生活原型与拟体所指涉的生活原型是不一致的，是有差距的。这是物理世界的客观现实。这样，当在比拟修辞文本中，本体越是被比拟得接近拟体就与真实存在反差愈大——道理很简单，这是将毫不相干、毫不相同的事物当作了完全的“同一”。由于这层道理，我们认为现代汉语的比拟更有强烈的陌生化效果。

现代比拟本体与拟体拉得很近，首先看拟人：拟人的本体是物，拟体是人。拟人就是将“物”与“人”同一化。我们认为，同一是有层级差异的，仅有人的外部动作是与人的最初级相似。因为外物是可以有与人类有相类似的简单的外部动作、行为。但在现实中外物是没有与人完全相同的行为方式、心理特质的。如果比拟完全泯灭了物与人的差异，人与物完全不分，那么就形成了修辞文本与生活真实的巨大反差。人与物的这种差异等级我们以数轴表示：

（物）全异—人的简单动作—人的复杂动作—初级情志—高级情志—全同（人）

在表现人与物的相似等级上这个数轴有一定合理性，相拟的极限是全异和全同，动作可以人物同共有，但高级情志是人所独有。在拟人中，外物越是情志化也就越是人格化。

古代的拟人都是动作拟人，都表现物具有人的动作、行为。对本体的描写概用动词，而现代拟人有很多表现出人的性格特征，对本体的描写用了表示人物性格特征的形容词。如：

④……它没有婆娑的姿态……但是它却伟岸、正直、朴质、严肃，也不缺乏温和。（茅盾《白杨礼赞》）

⑤昼是活跃的，夜是慈爱的。（阿陇《夜》）

⑥更何况西湖连性情也变得活泼热闹了。（宗璞《西湖漫笔》）

这种拟人全以形容人的性格特征的形容词来对本体物进行描写，现代拟人完全心化了。也可以说，现代拟人使自然物表现了更多人的特征。因为类似于情感、气质、性格等的心理特质相对于人的外部动作更能反映人与物的区别性特征、更能反映人的本质。

现代有些拟人甚至将客观事物描绘成具有与人完全一样细致的动作、行为、精神、复杂的心态，与人完全同一了。如：

⑦历尽劫难而濒于绝境的诗歌，经过一段短暂的恢复，在早春的美好季节里，终于怯生生地，带着不无疑虑的神情，试着唱出了为中国读者所已经陌生的爱情之歌。（谢冕《中国现代爱情诗选·序言》）

⑧有的松树望穿秋水，不见你来，独自上到高处，斜着身子张

望……有的松树自得其乐，显出一副潇洒的模样。（李健吾《雨中登泰山》）

这两例是物与人的彻底同一化，例⑦中“诗歌”，有人的情态：“怯生生”，有人的心理活动“不无疑虑”，有人的行为“试着唱出”；例⑧松树有非常具体而细致的人的动作和精神气质，“望穿秋水”“斜着身子张望”“斜着身子张望”“潇洒”都是只有人才具有的行为和气质。

物越是描绘得像人，就离生活原型越远，也就显得新奇。

第三节　讽喻的理据与功能

一　讽喻的理据

讽喻的形成与两种心理有关，一是相似联想，二是人类的娱乐天性。

（一）讽喻与相似联想

讽喻作为一种特殊的比喻，与一般比喻有着共同的心理机制——都植根于相似联想，讽喻的喻体与其本体间是具相似性的，讽喻小故事所含之理与所写说者所要说明的为同一理。有关理论说明可参见“比喻的历史演变”，这里我们仅举一例说明：

（孟子批评告子对培养仁义急于求成）：心勿忘，勿助长也。无若宋人然：宋人有闵其苗之不长而揠之者，茫茫然归，谓其人曰：“今日病矣！予助长矣！”其子趋而往视之，苗则槁矣。天下之不助苗长者寡矣。以为无益而舍之者，不耘苗者也；助之长者，揠苗者也——非徒无益，而又是害之。（《孟子·公孙丑上》）

孟子认为道德的依据在人心，因之品德培养当顺乎人心、顺乎人性，不能速成，不能拔高要求，拔苗助长苗必枯死，对培养仁义美德如急于求成反害于德行培养。

（二）讽喻与人类的娱乐天性

作为智慧的生命，追求娱乐是人类天性，许多文化现象由此而生。多姿态多彩的文学、门类繁多的艺术、紧张激烈的体育竞技都因追求娱乐而产生。白领阶层进豪华剧院，农民听鼓书，儿童听故事，物质条件不同，方式不一，但都是为了满足娱乐的需要。人类这种追求娱乐的天性，文化学家早有认识。英国著名文化学者马林诺夫斯基曾指出："尚有一种文化现象也必须研究一下。这种文化现象，乍看起来，似乎是一种额外之事，因为它除掉娱乐之外，并无其他用处……游戏、游艺、运动和艺术消遣，把人们从故常故辙中解放出来，消除文化生活的紧张与拘束。即以此而言，文化在这方面已有了它的工能，使人在娱乐之余，能将精神重新振作起来。"①

讽喻以小故事为喻体，完全是以人的娱乐天性为基础，通过故事寓教于乐。讽喻故事的特性是新奇有趣，故事中的事与生活都有强烈的反差。

①宋人有耕者，田中有株，兔走触株，折颈而死。因释其来而守株，冀复得兔。兔不可复得，而身为宋国笑。(《韩非子·五蠹》

②楚人有涉江者，其剑自舟中坠于水，遽契其舟曰："是吾剑之所从坠。"舟止，从其所契者入水求之。舟已行矣，而剑不行，求剑若此，不亦惑乎？以故法为其国与此同。时已徙矣，而法不徙，以此为治，岂不难哉？(《吕氏春秋·慎人览·察今》)

③过去世时，有城名波罗奈，国名伽尸。于空间处有五百猕猴，游于林中，到一尼俱律树下。树下有井，井中有月影现。时猕猴主见是月影，语诸伴言："月今日死，落在井中，当共出之，莫令世间长夜暗冥。"共作议言："云何能出？"时猕猴主言："我知出法：我捉树枝，汝捉我尾，展转相连，乃可出之。"时诸猕猴，即如主语，展转相捉，树弱枝折，一切猕猴堕入井水中。(《僧祇律》)

① ［英］马林诺夫斯基：《文化论》，中国民间文艺出版社1987年版，第80页。

以上三例都是我国古代典籍中留传下来的讽喻小故事，因受到历代人民的喜爱，因而都被后人概括为成语：例①即“守株待兔”，兔偶尔撞树而死，愚人竟以为天天有此种美事发生；例②剑落水了，舟行而剑不行，这本只是常识，愚人连常识都不懂竟然“刻舟求剑”；例③即“水中捞月”，月在天上，影映水中，猴群以妄为真，将水中之月当成真正的月亮去费心打捞。这些小故事中主角因常识缺乏而做出令人喷饭的蠢事，就事件本身而论，这在生活中是完全不可能发生的。它与常识巨大的矛盾、冲突使它显得荒诞怪异。据心理学研究，长期接触常情常态可使人对外界丧失兴趣，感觉麻木，而新异的刺激能令人激动、兴奋，这样娱乐作用就有了。且这些故事一方面是从表面看，于“事”不可能；另一方面从实质看，于“理”又实有。这“事”与“理”于冲突中的契合给人们又带来新异性的刺激。

二　讽喻的功能

作为比喻的一个特类，讽喻既有与普通比喻一致的功能，也有与普通比喻不同的功能，从事实看，讽喻主要有说理、婉曲、讽刺三种功能，前两种功能是比喻讽喻共有的，而讽刺则是讽喻所特有的功能。

（一）说理论证

讽喻最主要的功能是说理论证的功能，讽喻往往通过构思极为巧妙的小故事，生动有趣地说明道理，让人在趣味中接受表达者的思想。以佛教为例，佛教有些思想是非常费解的，特别是“缘起性空”的空观思想虽为宿学都无法深解。佛教“空宗”认为：世俗人的痛苦来源于对存在——外部存在物及自身的执着，而来放弃执着则认识色受想行识五蕴皆空之理：即世间的一切存在包括人的生命本身都是虚幻不实的，都是因缘偶合的幻象。认识到一切皆幻，一切皆为梦的泡影则不为外物所扰，则获得精神的安宁。佛教这种色空观又刚好与本土的道家、魏晋玄学的“以无为本”同气相求，互为推助，谈“空”、谈“无”成为魏晋佛学与玄学的共同话题，这种虚无主义思想往往也借助讽喻进行宣传。如有一著名成语“水中捞月”即是出自《僧祇律》，猴子想从水中捞起月亮，这就是以妄为真。佛教典籍甚多以影子为真实的讽喻作品：

昔有痴人，往大池所，见水底影有真金像，谓呼有金。即入水中，挠泥求觅，疲极不得，还出复坐。须臾水清，又现金色，复更入里，挠泥更求复，亦复不得。

其如是父觅子，得来见子，而问子言："汝何所作，疲困如是？"

子白父言："水底有真金，我时投水，欲挠泥取，疲极不得。"父看水底真金黄色之影，而知此金在于树上，知以知之影现水底。其父言曰："必飞鸟衔金于树上。"即随父语，上树求得。（《百喻经·见水底金影喻》）

此例重点不在最后金在树上，而在前部分，将水中的影子当真金。佛家看来，世间万象都为水中的幻影。佛教就是通过这种生动有趣的小故事将这类深刻的道理浅显化，使之简单易懂。传世的很多讽喻作品被后人概括为成语如：拔苗助长、墨悲丝染、自相矛盾、盲人摸象等都是以讽喻方式表达哲理。

（二）讥刺嘲讽

对丑恶现象、不合理现象予以讽刺是讽喻的重要功能，明清两代政治腐败、官吏贪婪残忍，因之以讽喻讥喻者甚多。

明代江盈科的讽喻作品直接地斥责了官府的横征暴敛。

①昔有医人，自媒能治背驼，曰："如弓者如虾者，如曲环者，延吾治，可朝治而夕如矢。"一人信焉，而使治驼。乃索板二片，以一置地下，卧驼者其上，又以一压焉………驼者随直，亦复随死。其子欲鸣诸官，医人曰："我业治驼，但管人直，那管人死？"

呜呼！世之为令，但管钱粮完，不管百姓死，何以异于此医也哉！"（明·江盈科《雪涛小说·催科》）

元明清三代官场十分黑暗、腐败，官吏贪婪，钻营成风。很多作品以讥喻手法对三代吏治进引以讥刺，如：

②一官寿诞，里民闻其属鼠，固而公凑黄金铸鼠，呈送祝寿。

官见而大喜，谓众里民曰："汝等可知送我夫人生日，只在目下，千万记着夫人是属牛的，更要厚重实惠些，但牛肚里，切不可铸空的。"妓家哄人，懂以做生日为名，说牛夫人，故有妓术。(清·石成金《笑得妇一集·夫人属牛》)

这一则讥喻讥刺了贪吏的贪得无厌，索贿不惜，掩耳盗铃。再如：

③鼠与蜂，结为兄弟，请一秀才主盟。秀才不得已而往，列之行三。人问曰："公何以屈于鼠辈之下?"秀才答曰："他两个，一个会钻，一个会刺，我只得让他些罢。"——不会钻刺的，才是个秀才。(清·石成金《笑得好·让鼠蜂》)

这里，获得高位不靠才干，而是靠无耻的钻营，会钻营的鼠辈攻击别人的黄蜂之类都可以获高位。再如：

④夏天炎热，有几位官长同在一处商议公事。偶然闲说天会酷暑何处乘凉。有云"某花园水阁上甚凉"；有云"某寺院大殿上甚凉"。旁边许多百姓齐声曰："诸位老爷要凉快，总不如某衙门公堂上甚凉。"众官惊问："何以知之?"答曰："此是有天没日头的所在，怎的不凉?"(清·石成金《有天没日》)

这则讥喻短文讥刺了官场的暗无天日。

此类用于讽刺的讥喻在元明清三代极多，可以说十之八九是用以讥刺的。

（三）隐晦婉曲

话不便直说，曲言之；不便明说，晦言之。这也是讽喻所具有的功能。这原因也很简单：讽喻是一种比喻，言在此而意在彼。文面和文里真正是"表里不一"，这自然也就避免了明说和直说。借喻式讽喻因不需点明喻义，就更是如此。脱离具体的时代背景，黄瑞云先生有些讽喻不知所云，因为黄生先在当时有话不能直说，只能曲折表达。如：

蜀先主庙落成时，神龛上只坐着先主一人的神像，蜀国群臣都坐在神龛的下面。后来孙夫人提出她该配享，应该也坐在神龛上。但甘夫人、糜夫人提出抗议，因为她们的资格比孙夫人还老。结果只好三个夫人都坐上去了，而且把太子阿斗也带上，因为他还是后主呢，又因为先主非常尊重孔明，也请孔先生上坐。关羽、张飞认为他们同先主桃园结义，不应在孔明之下。自然只好请他们也上去。赵云说他曾被称为四弟，应与关、张同列，赵云上去后，黄忠、马超提出他们也属五虎大将，不应受到歧视。这样推演下去，谁都有可比较的，也就谁都认为自己应上神龛。最后庞统、法正、魏延、马岱、王平、廖化、简雍、孙乾、糜竺、糜芳，以及许多官员，通通都挤上去。神龛上的神越来越多，简直堆积不下。最后把神龛压垮了，所有的神都摔了下去。

事实证明，任何神龛都不宜坐太多的神。(《黄瑞云寓言·蜀先主庙》)

上段文字是讽刺行政部门冗员太多，人浮于事，争权争位。黄先生此作写于“文化大革命”刚结束时，极左思潮正盛，不便直接表达思想，只有借古讽今。

从上例可见，在具体作品中，讽刺与婉曲是并存的，对丑恶要讥讽，以婉曲为手段。

（讽喻是一种特殊的比喻，因之，有关讽喻的心理机制、讽喻与民族思维习惯见比喻的相关部分。）